# 世界五千年科技故事丛书

卢嘉锡题

世界五千年科技故事丛书

# 宰相科学家

## 徐光启的故事

丛书主编　管成学　赵骥民

编著　李春娟

吉林出版集团｜吉林科学技术出版社

**图书在版编目（CIP）数据**

宰相科学家：徐光启的故事 / 管成学，赵骥民主编.
-- 长春：吉林科学技术出版社，2012.10（2022.1重印）
ISBN 978-7-5384-6103-9

Ⅰ.① 宰… Ⅱ.① 管… ② 赵… Ⅲ.① 徐光启（1562～1633）
－生平事迹－通俗读物 Ⅳ.① K826.1-49

中国版本图书馆CIP数据核字（2012）第156247号

## 宰相科学家：徐光启的故事

主　　编　管成学　赵骥民
出 版 人　宛　霞
选题策划　张瑛琳
责任编辑　朱　萌
封面设计　新华智品
制　　版　长春美印图文设计有限公司
开　　本　640mm×960mm　1 / 16
字　　数　100千字
印　　张　7.5
版　　次　2012年10月第1版
印　　次　2022年1月第5次印刷

出　　版　吉林出版集团
　　　　　吉林科学技术出版社
发　　行　吉林科学技术出版社
地　　址　长春市净月区福祉大路5788号
邮　　编　130118
发行部电话 / 传真　0431-81629529　81629530　81629531
　　　　　　　　　　81629532　81629533　81629534
储运部电话　0431-86059116
编辑部电话　0431-81629518
网　　址　www.jlstp.net
印　　刷　北京一鑫印务有限责任公司

书　　号　ISBN 978-7-5384-6103-9
定　　价　33.00元

# 序　言

十一届全国人大副委员长、中国科学院前院长、两院院士

放眼21世纪，科学技术将以无法想象的速度迅猛发展，知识经济将全面崛起，国际竞争与合作将出现前所未有的激烈和广泛局面。在严峻的挑战面前，中华民族靠什么屹立于世界民族之林？靠人才，靠德、智、体、能、美全面发展的一代新人。今天的中小学生届时将要肩负起民族强盛的历史使命。为此，我们的知识界、出版界都应责无旁贷地多为他们提供丰富的精神养料。现在，一套大型的向广大青少年传播世界科学技术史知识的科普读物《世

界五千年科技故事丛书》出版面世了。

　　由中国科学院自然科学研究所、清华大学科技史暨古文献研究所、中国中医研究院医史文献研究所和温州师范学院、吉林省科普作家协会的同志们共同撰写的这套丛书，以世界五千年科学技术史为经，以各时代杰出的科技精英的科技创新活动作纬，勾画了世界科技发展的生动图景。作者着力于科学性与可读性相结合，思想性与趣味性相结合，历史性与时代性相结合，通过故事来讲述科学发现的真实历史条件和科学工作的艰苦性。本书中介绍了科学家们独立思考、敢于怀疑、勇于创新、百折不挠、求真务实的科学精神和他们在工作生活中宝贵的协作、友爱、宽容的人文精神。使青少年读者从科学家的故事中感受科学大师们的智慧、科学的思维方法和实验方法，受到有益的思想启迪。从有关人类重大科技活动的故事中，引起对人类社会发展重大问题的密切关注，全面地理解科学，树立正确的科学观，在知识经济时代理智地对待科学、对待社会、对待人生。阅读这套丛书是对课本的很好补充，是进行素质教育的理想读物。

　　读史使人明智。在历史的长河中，中华民族曾经创造了灿烂的科技文明，明代以前我国的科技一直处于世界领先地位，涌现出张衡、张仲景、祖冲之、僧一行、沈括、郭守敬、李时珍、徐光启、宋应星这样一批具有世界影响的科学家，而在近现代，中国具有世界级影响的科学家并不多，与我们这个有着13亿人口的泱泱大国并不相称，与世界先进科技水平相比较，在总体上我国的科技水平还存在着较大差距。当今世界各国都把科学技术视为推动社会发展的巨大动力，把培养科技创新人才当做提高创新能力的战略方针。我国也不失时机地确立了科技兴国战略，确立了全面实施素质教育，提高全民素质，培养适应21世纪需要的创新人才的战略决策。党的十六大又提出要形成全民学习、终身学习的学习型社会，形成比较完善的科技和文化创新体系。要全面建设小康社会，加快推进社会主义现代化建设，我们需要一代具有创新精神的人才，需要更多更伟大的科学家和工程技术人才。我真诚地希望这套丛书能激发青少年爱祖国、爱科学的热情，树立起献身科技事业的信念，努力拼搏，勇攀高峰，争当新世纪的优秀科技创新人才。

# 目 录

# 少年壮志

    明朝末年，上海还仅仅是个县城，大体上位于现在的上海南市区。出了上海县城不远，有座龙华寺，附近的老百姓凑钱请了位先生，就在里面办起了村学。

    隆冬的一天，寒风凛冽，雪花纷纷，中午散学的时候，孩子们都跑回家吃饭了，独有一个学生踏着积雪，一步一步走到新修的上海县城墙边，并攀了上去。

    路上一位行人看到了惊呼："这是谁家的孩子呀，快下来。"

    这个小孩像没听见似的，站在城垛子上，仰望着空中飘舞的雪花，一副若有所思的样子。他就是后来官居宰相的科学家——徐光启。

徐光启的家在上海县城的南边。本来，他的祖父以经商为业，家境还算富裕，但由于倭寇的连年侵扰，徐家渐渐败落。嘉庆四十二年（1563）民族英雄戚继光率军沉重地打击了倭寇，但又遇到了灾荒，徐家还被贼盗抢劫，就这样，天灾人祸使徐家只好在老祖母的带领下靠辛勤劳动来维持生活。

徐光启生活在这个清贫穷苦的家庭，从小就不耽于安乐，小小的年纪就帮助家里干些零活，由此培养了他勤奋、吃苦耐劳的性格。邻居见了常夸奖说："阿启真是个懂事的孩子。"

徐光启的祖母和母亲也很疼爱他，一有空闲就给他讲历史。

有一次，他的祖母给他讲述了倭寇侵扰时和乡亲们一起逃难的情景，讲述了倭寇烧杀抢掠的罪行，激起了他对倭寇的仇恨，他攥着拳头说："等我长大了，有了本领，决不让倭寇再来祸害百姓。"

祖母把徐光启搂在怀里哭着说："我孙儿真是个有志气的好孩子。"

徐光启聪明而且好学，徐家把光宗耀祖、重建家业的希望寄托在徐光启的身上，所以，尽管家境艰难，还是把他送进私塾读书。

在学习上，他不仅知道努力用功，而且还非常刻苦，当天先生教的功课，他一定要在当天学会，要是学不会，他从来不肯出去玩，因此，他对先生教的诗文，能很快地背诵下来，学作八股文，进步也很快，成绩总是远远地超过别的学生。

可是，待到徐光启有了一定的阅读能力之后，那些枯燥无味的经书已提不起徐光启的兴趣了。对八股文，他也从心里感到厌烦，经常找一些兵法和农学方面的书籍来阅读。

他的父亲不愿意让他看这些所谓的闲书，教育他说："阿启呀，你要好好读书，将来大小做个官，也为徐家争口气。一家人都指望着你呢！"

遵从父亲的旨意，徐光启对八股文和律诗还是很下工夫的，同时，他对兵法、算术、农学也有着浓厚的兴趣，这为他以后从事科学研究打下了一定的基础。

徐光启十岁的那年夏天，有几天连一丝风都没有，讨厌的蚊虫在人们的周围嗡嗡地闹个不停，人们都找个地方摇扇子歇凉，学堂里也很闷，教书先生布置了一个作文题目《何不言我志》，就出去纳凉了。

这个作文题目出自孔子的《论语·先进篇》，先生留这个题目是让学生各自写出自己的志向。

有几个学生看到先生出去了，就趴在桌上打起瞌睡来。

剩下几个学生都围拢到徐光启的身边议论起来。因为徐光启的作文常常得到先生的好评，并常被作为范文供学生们欣赏，所以学生们愿意和徐光启探讨一下各自的想法。

一个胖胖的学生说道："将来我开个大钱庄，成为一个大富翁。"

另一个学生抢着说："我将来当个大官，出门坐轿子，一呼百应，多威风啊。"

坐在徐光启旁边的学生问道："阿启，你将来干什么？"

徐光启沉思了一会说："我想，做人要明事理，立大业，治国安民，崇正辟邪，这样才不枉为人一世。所以，我要做一个对国家有用的人。"

听了徐光启的这番话，同学们都点头赞同。然后都回到各自的座位上写起作文来。

大约过了一个时辰，先生转回来，他走到徐光启的身边，拿起徐光启写的作文看了一遍，禁不住地夸奖说："想不到你小小的年纪，竟有如此志向。"

徐光启是这样说的、写的，也是这样做的，在他的一生中做了许多利国利民的大事，成为我国近代科学发展的先驱者。

# 洼地植柳

明代万历九年（1581），19岁的徐光启，按照祖母和父母的旨意，去金山邮政（现在上海市金山县境）参加院试，考取秀才。

考试结束，回到家后，徐光启再也不愿看讨厌的八股文了，就拿起了锄头、铁锹，整天在地里忙活。

徐光启家的这块地，是早年他的祖父买下的。因为这块地不是旱就是涝，十年九不收，所以徐家不愿种，别人也不愿租种，时间一长，就成了块荒地，杂草丛生，荆棘遍地。徐光启看到这块地荒着觉得太可惜了，一直想治理一下。

他先是在地边挖了一条水沟，准备遇涝的时候向外排水，遇旱的时候，向地里灌水。然后，又把地里坑坑洼洼的积水排出去，这样，徐光启一连干了几天，眼见着原来的涝洼塘变干了，人也能进地里踩了。

这天，徐家像过节似的，大门口，一根木棍挑着长长的一挂鞭炮，噼啪作响，引来一群孩子捂着耳朵围在那里看热闹。大门上贴着大红喜报，上面写着恭贺徐光启中了秀才的话。院子里，徐家的人正在忙着招待报喜的人喝酒吃饭。

忽然，徐光启的父亲徐思诚好像想起了什么，站起身来走到院门口，向外喊了一声："阿启，阿启！"

徐光启的母亲钱氏急忙走过来，对徐思诚说："别喊了，阿启吃罢早饭就去地里干活了。"

徐思诚又对着院外的一个小孩说："阿庆，你快去到城南门外的地里，把阿启找回来。"

"好吧。"阿庆闻声回答道，然后就向城南门跑去。

徐光启的家住在上海县城里，阿庆走了好一会才找到徐光启。

"阿启哥，恭喜你高中了！"阿庆气喘吁吁地说："徐大伯让你快回家呢。"

"噢，是阿庆啊。"徐光启正在锄地里的杂草，听到阿庆的喊声，便停下手里的活，挂着锄把又对阿庆说："看你跑得满头大汗，地头有水罐，快去喝点水，坐在那儿歇歇。"

阿庆看看徐光启，没有一点惊喜的神色。"你家里可热闹了，屋里院里挤满了人，有些人还要向你道喜呢，快回去吧。"

"我正忙着呢。我爸在家，我回不回去关系不大。"

"阿启哥，你家这块地没人种，锄草干什么？"

"我要治理这块地。前些天，这里还是涝洼塘，长满了杂草，你看现在不是很干净了吗？等我把杂草、荆条锄完，再种上些庄稼或树木，这块地就变成宝地了。""阿庆，你过来，帮我把这些荆条子捆一捆，带回家烧火用。"

阿庆帮徐光启把荆条子一捆一捆地捆好并放在地头，然后又帮徐光启把地里的草锄完，直到太阳快落了，两人才背着柴火回到家。

一进院门，徐光启就被父亲叫到跟前。

"你怎么才回来，客人早已走了。如今你考取了秀才，为咱徐家争了光，可你还要继续努力，准备考取举人。从明天起，不要到地里干活了。"

徐光启岔开父亲的话说："咱家那块地经过治理，已经大大变了样，你看在地里种些什么好呢？"

徐思诚说："不要管那块地了，那是个涝洼塘，种什么也不收，白费力。你待在家用心读书吧。"

徐光启又对父亲说："那块地离咱家远，照顾不过来。听人说，柳树耐涝，长得又快，咱们就在那块地里植上柳树吧。树条子可以当柴烧。"

徐思诚站起来，边往屋里走边说："随你的便吧，快去吃饭，早点歇着。"

这以后的几天，徐光启在地里插了杞柳，杞柳易栽活，而且枝条可以用来编筐。

第二年春天，徐光启在地里遍插柳树苗，转年就长到有一人高了。

几年后，那块荒地就变成了一块郁郁葱葱的柳林了。

# 学种棉花

　　徐光启中了秀才，就成为一名县学的生员了。县学是县里的官办学校，设在文庙（就是孔庙）里面。县学里有教官，向秀才们传授孔孟之道。县学不经常上课，而是定期聚会或考核。

　　按明朝社会的一般习俗，秀才可以得到官府的津贴，但很少，难以用来养家糊口。所以秀才们只得一面应付县学里的作业，同时找个村学或家馆去教书，徐光启也是走的教书这条路。

　　徐光启的教学是很有特点的，他虽然也讲仁厚家的经典著作《论语》、《孟子》、《诗经》之类，也教学生写作八股文，但他同时还教育学生在课余的时间学会种田，掌握最起码的谋生本领。

徐光启对学生说："你们的父母让你们读书希望你们考取秀才、中状元，可是考上的总是少数，落榜的是多数。如果不会种田，又考不上秀才、举人，以后怎么生活呢？就是考上了也要懂些种田的事才好。"

他是这样教育学生的，自己也是这样做的，一有时间就在田园里劳动。

徐光启的祖母和母亲都是纺织能手，所以徐家的后园是一片棉花田。

徐光启的父亲种棉花总是不如邻居陈伯家收获的多，这使徐光启常常蹲在棉田里琢磨。"要是有一本讲授如何种棉花的书，那该有多好。"徐光启暗暗地想道。"对了，到书店去看看。"

在文庙（孔庙）不远，有一家书店，陈列着各种木板刻印的图书，新的旧的都有。徐光启一看，大都是《四书》、《五经》等经典，也有些《三字经》、《百家姓》之类的儿童启蒙读物。

"您要看哪本书？"书店老板问徐光启。

徐光启在诸子百家的书中找了一会问："你这有讲农

业的书吗？"

"讲农业的书？请等一下，我找找。"

书店老板一边在书架上、书柜里翻找，一边对徐光启说："我们不太愿意贩进讲农业的书，因为卖不出去。种田的人不读书，他们不买；读书的人不种田，他们也不买。"

过了好一会，书店老板才从一只蛛网尘封的小木箱里翻出几部书来，然后递给徐光启说道："你看这些是讲农业的书吗？"

徐光启接过来一看，这几部书有《齐民要术》、《农桑辑要》、《便民图纂》。翻开书看看里面的内容，果然都是讲农业的书，就都买了。

徐光启回到家后，就如饥似渴地阅读起来。

《齐民要术》是南北朝时期（公元6世纪）贾思勰所著，里面讲了各种谷物、蔬菜、果树等的栽培方法，但是没讲棉花，因为那时中国还没有棉花。此外，书中还讲了家畜、家禽、鱼类的饲养方法和食品的加工、制造方法等等。

《农桑辑要》、《便民图纂》是元朝四大农书中的两部，是元朝官府找人编写的，把《齐民要术》出书以后

700多年间的新作物、新农具、新农业经验都编了进去，而且写得简要，切合实际。这些书用于指导农业生产，是取得了显著成效的。

徐光启仔细地阅读了这两本书中关于种棉花的内容。

噢，可能是由于棉苗种的太密了吧，棉花结桃就少。

《农桑辑要》中写道："一步留两苗。"意思是两株棉苗应该间隔半步，就是二尺。

《便民图纂》中也写道"每一尺作一穴。"明确规定株距应为一尺。

这样看来，种棉花两株间隔至少要一尺。

徐光启不迷信书本讲的，他蹲在棉田里仔细观察，发现棉花结桃的枝是横伸出来的，两株间距小，横枝搭着横枝，就影响通风、透光，棉花结桃就少。看来书中讲的是有道理的。但是按照《农桑辑要》中写的两株棉苗间隔二尺，那么，尽管棉桃结的多，但因棵树太少，收获总量仍然不多。

徐光启把自己的想法告诉了父亲："咱家再种棉花要注意间距，我到棉田里看过，现在种的棉花，两株间隔才不过半尺，所以结桃少，收获少。"

徐思诚责怪徐光启说："你是读书人，读书人有读书人的事，何必去管棉花的种法呢？你只要用功读书，将来考上状元，富贵荣华样样都有，连我这老骨头也光荣啊！"

徐光启恳求父亲说："阿爸，你就按我说的试试嘛。"

第二年，徐光启家种的棉花产量增加了许多。后来，徐光启又试着在棉花长到约2尺高的时候"打杈""掐尖"，使棉花不往高长，省下养分供给快成熟的蕾铃，从而使蕾铃长得又大又结实，增加产量。

徐家种的棉花有了好收成，连邻居陈伯也来讨教经验了。

# 试种芜菁

一天，徐光启教的学生阿平家里来了位远方的客人，阿平的父亲就把徐光启请到家里陪客人吃饭。

席间，阿平的母亲端上一道菜，徐光启夹起一块放到嘴里。"这是什么菜？真好吃，像萝卜一样脆，还有甜味。"

阿平的父亲答道："这菜的名字叫芜菁。是这位河北客人来上海贩棉布，顺便捎来的家乡特产。"然后，对着厨房喊道："阿平妈，拿来两棵生芜菁给阿启看看。"

这芜菁上部长着绿叶，下面是白色的呈球形的根，形似大萝卜。

徐光启看了说道："这真是好东西呀。"并向那位河北客人问道："你以后再来上海，带些芜菁种子来好吗？"

没等客人回答，阿平的父亲急忙说："这是北方菜，南方不能种，因为南方天气热，长叶不长根，芜菁会长成白菜的。"

徐光启对这番话是半信半疑。

吃罢饭，徐光启回到家里就开始查书，结果在苏颂编的《本草图经》中找到这样一段话：南方人种芜菁，第一年像芜菁，二三年后就变成菘了。菘就是白菜。这是什么道理，书上没有记载。

徐光启想做个试验，看看南方究竟能不能种芜菁。

过了几天，徐光启遇到了阿平的父亲，并求他帮忙，弄些芜菁种子。

到了秋天，芜菁种子弄到了，徐光启和阿平的父亲各自在自家的园子里种了一些芜菁。

在一个阳光明媚的冬日里，阿平的父亲收获了自家园子里种的芜菁。他垂头丧气地找到徐光启说："你看我种的芜菁，大半都是这样的小根，像白菜一样。看来南方种芜菁会变白菜，这话不假啊。"

徐光启看看阿平父亲手里的芜菁，沉思了一会说：
"走，到园子里看看我种的芜菁。"

徐家的园子里，有一块地种的全是芜菁。绿油油的叶子，长势喜人。

徐光启指着菜畦边的一棵芜菁说："请你把那棵芜菁拔出来看看。"

阿平的父亲拔出来一看，根很小，再拔一棵根还是很小。他刚要说什么，就见徐光启正弯着腰，费劲地拔着一棵芜菁。"噢，好大的根啊。"

阿平的父亲赶紧转到菜畦的右边，拔起一棵芜菁，根也很大，"这是怎么回事？"

徐光启笑了笑反问道："你家种芜菁是浇水粪吧？"

"当然是！难道种菜可以不用水粪浇？"

"可以。北方人是不用水粪浇的，他们种菜用干粪。所以，我在播种芜菁时就想，北方人用干粪，现在到了南方，改用水粪，恐怕肥力大大不足，也许这就是根变小的原因。所以，我是先用充足的干粪做基肥，然后再用水粪浇。除了用干粪以外，土要挖松，根才容易长大。"

阿平的父亲还有些迷惑不解，问道："为什么我在那边拔的两棵是小根呢？"

"那边靠边一行，我不用基肥，只浇水粪。目的是和其他施干粪基肥的芜菁作比较，这样一比，就会知道南方芜菁也能种成大根，像北方一样，只是在施肥方面要采取特别措施罢了。"

徐光启把自己种出的芜菁分送给邻居们品尝，引来很多人向他要芜菁种子。于是，徐光启就留了几棵芜菁作种。

第二年春天，留种的芜菁"抽薹"了。它中心的那根茎顶端长出一个花蕾，花蕾越长越大，到了夏天，就成熟结了籽，这就是芜菁种子。徐光启把收得的种子分给了需要的人们，自己也留了一份。

第二年收获芜菁的时候，很多人都来告诉徐光启：芜菁的根有大有小。徐光启把自己种的拔出来看，也是大小不一。这是怎么回事，难道真的像《本草图经》所说的那样，"第一年像芜菁，二三年后就要变菘吗？"徐光启站在菜园子里，苦苦地思索着。

正在这时，阿平来了。

"阿平，你家今年的芜菁怎么样？"

"大大小小都有，总算比去年好一点。"

"为什么还有小根呢？"

"我也想了很久，记得我在帮父亲播种时候，有的种子饱满，有的种子小，老师，能不能是种子的原因呢？"

"啊，对了！芜菁结粒的时候，恰逢江南的梅雨期。由于缺少阳光的照射，有些种子就会不饱满。种子好坏不一，种出的芜菁当然大小不一了。"

转眼春天又到了，徐光启琢磨着把留种的芜菁分成三组：第一组抽薹时把苔摘掉，不久在苔的四周长出新的花蕾；第二组连摘两次苔，仍长出新的花蕾；第三组不摘苔。到夏天，不摘苔的先结籽，摘一次苔的晚半个月收籽，摘两次苔的晚一个月收籽。

这样做是让留种的芜菁在不同的时期结籽，不管梅雨来得早或来得迟，一定有避开梅雨结籽的，从而得到饱满的芜菁种子。

这一年的夏天，梅雨来得早，没有摘苔的芜菁的粒又小又瘦，而摘两次苔的芜菁结的籽就饱满。

徐光启精选出饱满的种子分送给大家，果然，这一年的芜菁都长得很好，根部肥大好吃。

阿平的父亲找到徐光启，高兴地说："阿启，我家收的芜菁，都是大根，多亏你帮忙了。你是怎么琢磨出种芜菁的一套办法的？"

徐光启答道："是通过试验找出种芜菁的办法的。我读书，但不迷信书，比如芜菁变菘，我觉得没有道理，所以不信。你看，现在咱们南方不是也可以种芜菁了吗。"

芜菁以及它的种植方法逐年传播，没几年就在江南生长繁殖起来。

# 参加乡试

明朝的读书人，一般都要走一条科举之路。先是考入县学，成为秀才，然后参加"乡试"考举人，之后到京城参加全国的"会试"，再经过皇帝亲自主持的"殿试"，得中者就是进士，便可以做官。从此就可以拥有荣华富贵，施展政治抱负了。

徐光启也是走的这样一条仕途进取之路。但他又和一般的读书人不一样。别人是一心只读仁厚家经典，做八股文章。而他则是一边读书，一边搞科学研究。又由于家庭的贫困，他还要靠教书、参加农业生产劳动来维持家人的生活。这就使他的科举之路曲折而又艰辛。

明万历十六年（1588），又遇乡试，徐光启经历了两次落榜，无意再去应试，成天在地里干活。

一天，徐思诚把徐光启叫到身边说："你是个秀才，成天赤脚下田，成什么样子？今年又要举行乡试了，我劝你待在屋里，好好读书，准备参加乡试，若能考上举人，可比种田强多了。"

徐光启说："我这次不想去应考。去年秋天遭水灾，地里没了收成，今年我想精心侍弄一下，到秋多收些粮食。再者，今年的乡试地点在太平府，离家375千米，来回半个多月，吃饭、住宿、旅费得需要不少钱，到哪弄去？"

徐光启的母亲钱氏听了，急忙说："到你姑家借些来。"

徐光启摇着头说："我们已经向人家借了不少粮食，连春播的种子都是向人家借的，怎么好再向人家张口借钱呢？"

徐思诚说："不管怎么困难，你也不能错过这次机会，乡试三年才有一次，这次不去又要等三年。"

钱氏接着说："钱，我想办法给你借，地里的活就留给你阿爸去做吧。"

徐光启只好顺从父母的意愿，每天闭门读书，做八股文章。

钱氏和徐光启的妻子吴氏天天忙着织布，为的是能多卖几个钱。徐思诚虽已年逾半百，但也忙里忙外不得歇闲，徐光启看到这一切，心里真不是个滋味。

转眼，考期临近了。钱氏和吴氏忙着给徐光启打点行装。徐光启一边从干粮袋里往外掏米粉团一边说："妈，家里剩的粮食不多了，你蒸了这么多米粉团让我带，你们吃什么呢？"

钱氏急忙阻拦说："你带着多吃几日吧，在家里总是有办法的。这还有两个银元宝，是卖了家里织的布换来的，就这么多了，带着路上用吧。"

就这样，徐光启带着对一家老小的牵挂去赴考了。

太平府在现在的安徽省当涂县，那时没有火车、汽车，所以只能走水路。

起初，徐光启和几个同伴雇了一条船，沿吴淞江西上，进入大运河，打算循大运河南下转入长江再西上到达太平府，可当船走到句容的时候，徐光启却改变了主意，弃船登岸，挑着行李，徒步前往太平府。

徐光启边走边想，步行虽然很累，但能比坐船快些，还能节省些路费。

原来，从运河入长江，溯江而上，船行一日，才只有10千米路，这样的速度，怎么不让徐光启焦急呢。

正走着，突然天下起雨来，徐光启走在铺满卵石的羊肠小路上，十分吃力。天黑了，雨还在下着，路越来越难走，看不清哪是水，哪是道。徐光启真想转头回家，可是已经走到这里了，怎么能再回头呢？他只好硬着头皮前进。

徐光启终于走到了太平府，参加了乡试。考完回家，才知道家里曾经断粮，有一天竟是靠从篱笆上摘下的一个瓜来充饥的，幸好后来借到了米。

这件事深深地打动了徐光启，使他一生刻苦节俭。

这一次乡试，徐光启又落第了，他只好继续以教书为业了，过着清贫的生活。

徐光启在科举考试中屡遭失败，主要原因是当时封建统治阶级用八股文选拔人才，所注重的只是文章空洞的辞藻和繁琐的格式，几乎完全无视于思想内容。而徐光启从少年时代就富有科学的精神，读书而能深思，所作文章大都与现实密切结合，具有丰富的思想内容，所以，就得不到考官的赏识，几番乡试都名落孙山。由于徐光启写得一手好文章，善于抒情说理，所以逐渐他的名声就传开了。

# 访郭居静

上海有一家官僚地主姓赵，赵家的赵灼、赵焕两兄弟都做过高级官吏，有钱有势。一天赵焕慕名找到徐光启。

"子先兄，我对你的学识早有耳闻，今天特来请你到我家去教书，不知您意下如何？"

徐光启，字子先，所以赵焕称他子先兄。

"我现在正在村学里教书，恐难分身。对您的盛情，我深表感谢。"

赵焕见徐光启推托，便着急地说："我儿赵公益十分仰慕您，非常希望你到家中任教。"然后又讲了要以优厚的条件聘徐光启之类的话。直到徐光启答应考虑考虑，赵焕才离去。

徐光启想，自己的前途就是要取得科名，到赵家教书比教村学轻闲些，能有更多的时间读书。于是就同意到赵家教书了。

在赵家，徐光启阅览了很多图书，大大扩展了他的知识面，使他的学问与日俱增。

万历二十四年（1596），赵风宇（即赵焕）任广西浔州府的知府，随带妻儿赴任，因徐光启已受到赵公益的敬佩，所以也被邀请一同前往广西，继续在赵家做教书先生。徐光启因母亲已经去世了，少了许多牵挂，同时也有意远游他乡，增长见闻，所以就答应了。

徐光启跟赵风宇的家人坐船，溯长江西上，到江西湖口转而经鄱阳湖，逆赣江，抵赣州。在赣州登陆，翻过大庾岭，来到韶州（现广东省韶关市），这时已经快到年底了。

从大雪纷飞的岭北到了岭南，只见枝头郁郁葱葱，气候显得温暖。因为徐光启对农业生产感兴趣，所以就抽空出门逛逛，想找几个本地的农民，了解这里种田的情况。

在一个农民的家门前，有几个人坐在那里谈天，徐光启走过去打招呼。一位年长者指着旁边的一块大石头对徐光启说："坐下来歇歇吧，听口音你好像是外地人。"

徐光启坐在石头上，回答道："我是从上海来的。你们这里都种些什么作物啊？"

对徐光启提的问题，几个人都热心地回答。

正谈论着，走过一个人来，那位年长者忙站起身来打招呼喊他"郭神父"。

这位郭神父皮肤很白，鼻子很高，眼睛是蓝色的，虽然穿着中国读书人穿的长衫，但从他那满头金黄色的卷发可以看出他不是中国人。

郭神父看见陌生的徐光启，立即热情地打招呼："这位先生贵姓？从哪来呀？"他的汉语说得有些生硬，而且语调有点怪。

徐光启站起来回答说："我叫徐光启，刚从上海来到这里。"

"我的汉名叫郭居静。"郭神父自我介绍说："我从欧罗巴洲来。我们欧罗巴洲在中国的西方，比你们古代所知道的西域再向西。我是罗马教皇派到中国来传播天主教的。我就住在那边的教堂里。"顺着郭神父手指的方向，徐光启看见不远处有一幢尖顶的房子，顶上树立着一个高高的十字架。

郭神父说完冲着大家拱拱手就离去了。

望着郭神父的背影，几位农民向徐光启介绍说："郭神父很和善，除了和官府、富人常有往来外，也愿意和贫苦老百姓交朋友，如果你相信上帝、耶稣，就可以入教作教徒。"

晚上，徐光启躺在床上回想起白天遇到的那位郭神父，彬彬有礼，语言不俗，又很热情，决定明天到教堂去看望地，拜访一下郭居静。

第二天，吃过早饭，徐光启就往教堂走去，刚到教堂门口就碰到郭居静。

"徐先生，到里面看看好吗？"郭居静热情相邀。

徐光启拱拱手，就跟着郭居静走进教堂，走在前面的郭居静指着教堂正中挂着的耶稣被钉在十字架上的画像说："这就是耶稣，他是上帝的独子，上帝派他来到世间创立了天主教。"然后又向徐光启简单介绍了天主教教义，说了一通耶稣救世的道理。

徐光启边听郭居静的介绍，边环顾教堂里的一切，教堂里很清静，只有他们两人说话的声音，耶稣像前，有人正跪着祈祷。在教堂的四壁有几幅图画。

郭居静把徐光启引进他的书房，让座沏茶。墙上一幅《万国全图》引起了徐光启的兴趣。郭居静指着图说：

"世界很大啊。这里是你们中国这里是韶州，这里是你们上海。你看，我们欧罗巴洲多远啊，海路几万里，海上狂风恶浪，旅途辗转周折，好几个月才能到达中国。从欧罗巴洲再向西，还有一个大洲叫美洲……"

"欧罗巴洲是一个大国吗？"

"不，不是。欧洲有许多国家，都是天主上帝的国家，都是教皇治下的人民，这些国家的人民都很文明，潜心学术，天地的奥妙，物质的变化，莫不刻苦钻研，才智之士千百成群，传习科学三千年不衰。在这些学者之中，青出于蓝而胜于蓝，创造发明不断出现。所以这些国家科学文明，有机器供人利用，国富兵强。各国能有今日，和信奉天主教是分不开的。"

徐光启听了连连点头，非常羡慕。心想，从来都听说中国文明冠于世界，谁知万里之外还有胜过中国的国家。

想着想着，徐光启脱口而出："可惜，我这次是要到广西去，只在这里逗留几天，不然，我可以向你学好多的学问。"

"这不要紧。"郭居静说："今日交了朋友，以后还有相见的机会，我们耶稣会的会长利玛窦神父学问渊博，这张《万国全国》就是他画的。可惜他眼下正在江西，如果他在这里，可比我强多了。"

"我以后有机会一定见见利玛窦神父，请您转达我对他的致意。"

"好，一定转达。"

"那么，我就告辞了。"

和郭居静的一番谈话，使徐光启耳目一新、眼界大开，对世界形势、科学的发展有了新的认识，对他的一生具有重大影响。

可是，郭居静的话，有的属宗教迷信，也有的是信口胡吹的。实际上，欧洲根本没有传习科学三千年不衰的事。正是罗马的教会专制科学达一千年之久。一千年中，欧洲科学停顿不前，而中国在世界上是领先的。中国人发明的指南针、造纸术、印刷术、火药就在这时传入欧洲，推动了欧洲科学和工业的发展。到徐光启生活的这个时代，欧洲科学已经从停滞变为前进，走在中国的前头，但是差距并不太大。而徐光启对郭居静信口胡吹的那部分，也信以为真，留下了深刻的印象。因为当时交通闭塞，翻译出版的西洋书又很少，所以，徐光启也无法辨析真伪了。

# 《几何原本》

　　徐光启从小就生活在贫苦的环境里，但他热爱科学。他渴望在科学研究中作出贡献的意志始终不渝。可是，在封建社会，科学家的事业是根本得不到政府的重视和帮助的，所以他想能通过科举，实现自己的富国强兵的政治抱负，为自己的学习和科学研究创造条件。

　　万历三十二年（1604），徐光启中了进士，并进翰林院，实现了他多年以来的愿望。

　　翰林院是贮备人才、研究学问和进一步培养封建官僚的场所。是一个预备官名，没有什么具体任务，主要工作就是写一些政治论文。

初进翰林院时，徐光启的心情非常轻松愉快，精神饱满，写出了许多有价值的政治论文，对国家的大事，如财政、国防、治河、边防等方面提出了许多真知灼见，揭露了当时政治上的各种腐败情况，提出自己的改革主张，并希望皇帝采纳。尽管徐光启的论文曾受到翰林院一些人的赞赏，但从未被皇帝重视，他的改革意见也从来没有实行过。这使徐光启逐渐变得心灰意冷了。

所以后来徐光启就把主要精力集中在学习科学知识方面，专心致志在那里充分利用皇家图书馆里丰富的藏书，研究天文、历法、算术、水利设施、土木营造、盐业、国防、屯田、农业等方面科学知识，以及当时各项实用的工艺技术，开始了他在科学研究上的大步前进时期。在他的科学研究中，还开辟了一个崭新的领域，这就是翻译西洋科学书籍，最主要的就是和利玛窦合作，翻译《几何原本》。

利玛窦于万历年二十八年（1600）在南京初次与徐光启会面以后，这年年底就起程进京，求见明神宗。进贡的礼物有：油画救世主像、圣母玛利亚像、《圣经》、珍珠镶嵌十字架，还有大小自鸣钟各一架、一幅《万国全图》和八音琴等。明神宗见到这些精巧新奇的贡品，欣喜万分，爱不释手。他把油画和《万国全图》张挂于宫中，建造一个亭子安放自鸣钟……

由于爱屋及乌的缘故，明神宗在便殿亲自召见利玛窦等人，并赐宴慰劳。这样这些外国传教士就得到中国皇帝的青睐，取得了在中国传教的合法地位。明政府在宣武门内赐给了利玛窦一所屋宅，允许他们长住北京。这正是他求之不得的。于是，他在房子里供奉了耶稣，布置了十字架，作为礼拜堂。并且开始广泛地交结朝中官吏，进行宗教活动。

这时期，徐光启每有闲，便经常到此光顾。他同利玛窦在一起谈古论今，天文、地理，无所不谈。

明万历三十四年（1605），一个秋雨蒙蒙的晚上，徐光启要求利玛窦系统地介绍西方的科学知识。

利玛窦说："我自西而来，万里漂洋过海，沿途经过许多蛮荒的国度，好不容易到了中华泱泱大国。看到了物阜民丰的景象，真是个礼乐仁义之邦。我常常同中国的官吏一起交谈，谈到天主耶稣，很多人都深信不疑和表示赞许，所以，我认为在中国，相信天主的人是很多的，翻译《圣经》，也是天主的神意，使我忙得不得闲暇，你暂且等一等吧。"

"您说的是。"徐光启站起身来，缓缓地说："您的《天主义》我已看过了，对天主教已经有了一定的理解。我还曾听您讲过天文、历法、造营建筑等事，很感兴趣。您能不能详细地讲讲呢。"

利玛窦讲科学知识，只不过是为了吸引人入教，但见徐光启一再要求，于是又说："中国人最重视敬天法祖，我认为天文历法是件非常有益的事，在不久前，我已写信给罗马教廷，请他们派来几位兼做天文学家的修士，带着日晷仪、测量仪来北京，先把西方的天文表译成华文。"

利玛窦早已窥知中国帝王历来看重历法，常常把历法与统治政权的"运教"联系起来，所以想通过先译天文历法书来打入宫廷内部。以此来扩大其政治影响，并可以为其宗教传播获取更大的行动自由。

徐光启又进一步说："我认为，无论是天文、历法，还是水利设施、营造建筑以及制造机械，不懂得数学是不行的。它就像工人干活使用的工具。不懂，别的都谈不到。"

在徐光启的提议和坚持下，利玛窦说："好吧，我们就谈数学吧。我到中国已经有几年了，知道在中国研究数学的人也不少，著作也很多。但我觉得中国人研究数学不重视基础理论，常常只知其然不知其所以然，正确的结论，说不清是什么道理；错误的结论，也无法加以改正。而欧洲数学则重视基础理论，论证极为精确恰当。"

徐光启听完解释说："数学这门学问，中国和欧洲是一样的，发明创造的成果是很多的。但近百年来，发展得慢了。那是因为人们专做八股文以谋求官职，轻视实际，轻视一切能用来富国强兵的学以致用的实学、科学，数学受到了冷遇。像宋元的算经，有的竟然失传了！所以中国的数学落后了。西洋数学能弥补这些，您就教我数学吧。"

过了几天，徐光启又见到了利玛窦，利玛窦拿出一本书说："这是古希腊数学家在公元前3世纪著的《原本》，就拿这本书做教材吧。"

就这样，徐光启开始向利玛窦学习数学。

学了一段时间后，徐光启敏锐地发现《原本》重视数学基本理论，重视严密的论证和逻辑推理，在训练人们的逻辑思维与先进科学向严密化方向发展方面有很大作用。这在中国数学中的确少见。

于是，徐光启提出建议："利先生所教的《原本》，立论言简意赅，推理精妙，的确能补中国数学之不足。如果能把它翻译过来。变成中文读本，岂不是一件有利于后代的大好事吗？"

利玛窦听了，放下手中的书，笑着说："徐先生的想法固然很好，但这件事谈何容易啊。瞿太素等先生曾试着动手翻译过，但都没有成功。"

"为什么会半途而废呢？"徐光启问。

"太难啊。中国同西洋语法，自然是相差悬殊，词汇又不同，口头说话，勉强还能使人理解大意，可一旦形成文字，那就很艰涩费解了。"利玛窦说到这里，叹了一口气，脸上现出了无可奈何的神情。

"这没什么。"徐光启满怀信心地说："您详细讲解，我用笔译出，然后再请您修改，我看一定能翻译成功。"

利玛窦只好答应试一试。

徐光启想到《原本》这本书讲的是图形和数量知识，就借用了一个中国固有的词汇"几何"，以表示它是关于图形和计算的学问。这样，徐光启在翻译时，就把《原本》称为《几何原本》。

徐光启每天下午三四点钟，准时到利玛窦的住所一起译书。

有一个寒冬日，北风凛然，雪花漫天，徐光启从翰林院出来时，天色就有些黑了，他深一脚、浅一脚，顶风冒雪走到利玛窦的寓所，利玛窦有些惊讶地说："徐先生，天气这么恶劣，我以为你不会来了呢？"

"翻译工作这么紧张，我怎么能轻易耽误呢？"

"好吧，咱们开始吧。"利玛窦手头的底本是他的老师——德国耶稣会传教士、数学家克拉维斯（C.Clavis，1537－1612）评注的十五卷拉丁文本，（原名是Enclidis Elemtntorum XV），这是利玛窦在国内学过的数学课本，口译对他来说难度不大。困难是在徐光启方面，徐光启落笔时，既要译文意思准确，又须文字通顺。特别是许多的名词术语，由于是首创性工作，几乎没有成规可循，所以必须斟古酌今。既要求切合科学的涵义，又要源出于中国的传统，使读者能够领会、接受。

利玛窦手里拿着《几何原本》，向徐光启讲解，徐光启仔细地记着。

"直线过圆心，分他直线为两平分，其分处必为两直角。为两直角，也两平分。"

徐光启记下这道题，自己认真看了两遍，又问利玛窦道："是这样吗？"并把题递给了他。

利玛窦接过来反复看了看，又对照一下《几何原本》的原文说："是这个意思。下面是绘图证明，您照着画上吧。"

于是徐光启比照《原本》画出一幅图。

利玛窦开始译述证明，讲了好多话，才说明白。徐光启笔录后，按中文语法修改，反复精缩，力求简明准确。有时为找一个恰当的汉语词汇，表述出拉丁文的原意，要反复类选，然后再让利玛窦看，利玛窦认为不贴切，徐光启还要改，切磋推敲，直至双方都认为满意为止。

"解曰：乙丙丁圆，有丙戌线过甲心。分乙丁线为两平分于己。题言，甲已必是垂线，而已旁为两直角。又言已旁既为两直角，则甲分乙了。它两平分……"

严冬已过，冰雪消融，当万物复苏的春天来临时，徐光启译完了《几何原本》的第一卷至第六卷。

接着徐光启以一丝不苟的科学态度，再三阅读译文，他不但要求译文准确无误，而且还要求文字简练流畅，通俗易懂。他冒着夏天的酷暑，认真修改，增删了两次。

明万历三十五年（1607）春，《几何原本》前六卷终于定稿了。徐光启兴致勃勃地对利玛窦说：

"利先生，《几何原本》第六卷已经译完，我们这段时间合作得非常愉快。能否再接再厉，一块把全书译完！"

"就此打住吧。"

利玛窦认为他这一段时间放松了传教，已经有传教士议论他不务正业了。停了停，利玛窦又说：

"你看，我竟放松了传达上帝的福音这一神圣事业，这是不合适的。我认为，译书的事，可以从长计议。我们先把最重要的前六卷付梓刻印，让有志于这门学问的人学学试试。如果真正有用，以后再继续翻译下去。"

《几何原本》全书既有图形方面的内容，又有数量方面的内容。所以徐光启统称之为"几何"。可是，先译出的六卷都是讲图形的，基本上可以自成体系，以致后来就把图形之学称为"几何学"。相沿成习，直到现在。

《几何原本》在万历三十五年（1607）夏出版。上题"利玛窦口译，徐光启笔受"，这是中国科学史上第一部系统翻译的数学著作。由于徐光启对待科学一贯严谨的态度和对中国传统数学渊博的知识，所以，他的翻译非常成功，不但文字通俗，而且一次翻译，即成定本。

《几何原本》一书与我国古代传统数学著作都不同，不仅表现在命题中的名词术语，而且表现在逻辑推理的形式。如果没有徐光启那样深厚的知识基础和热切追求科学真理的精神，是不可能完成这一艰巨翻译工作的。随着时间的推移，重视、学习和研究这本书的人越来越多，采用这种逻辑推理思维方法编写数学书的人也逐渐多了起来，这样，就促进了中国数学的发展。直到400多年以后的今天，一般中学生所学的几何，还和这本书有密切的关系。现在几何课本中许多定理和证法，都是《几何原本》中早就有的。至于几何学中许多名词术语，如平面、直角、垂线、钝角、锐角、直径、三角形、平行线、对角线、相似、外切……，自徐光启确定使用以来，一直沿用到现在。

万历三十五年（1607）春天，徐光启结束了翰林院学馆的学习，被授官为翰林院检讨。他对翰林院事务没有热情，而对科学研究的兴趣则与日俱增。他多次建议利玛窦把《几何原本》全部译完。

"利先生，我们继续译完第七卷吧。"

利玛窦推托说："我现在太忙了，好几位朝中大官带着全家人入了教。许多仪式须我去主持，等我忙过了这阵子再说吧。"

后来，徐光启又多次提议继续翻译工作，但都遭到了利玛窦的拒绝。

　　恰在这时，徐光启的父亲徐思诚生病了，不久便离开了人世。

　　徐光启只好暂时中止翻译《几何原本》的工作。

# 种植甘薯

徐光启在上海南门外，安葬了他的父亲徐思诚，并在墓旁修了几间茅屋。按照明朝的规定，一个官员死了父母，要立即停职，守孝三年，守孝期间，要住在墓地附近，身穿粗麻布的衣服，不许参加任何娱乐活动，以表示对死去的父母的悼念。所以，徐光启就住在茅屋里。

徐光启是一个闲不住的人，他计划利用守孝这三年专心在这里进行农业生产的科学研究。陪他住在茅屋里的还有他的儿子徐骥和雇来的一位长工。

在茅屋的前面，有一片空地，徐光启和徐骥、长工三人每天早起晚睡，翻土撒种，种了一些蔬菜和药材，还有一块地种着水稻。

　　"阿爸，你早点回去吧，剩下这点活，我们一会儿就干完。"徐骥正在稻田里锄草，他怕徐光启累坏身体，便大声地喊道。

　　徐光启一边直起身来，迈上田埂，一边说："好吧，你们干完活也早点回去休息吧，明天还要给茅屋后的那块地翻土呢。"说完，就径直向茅屋走去。

　　进屋后，徐光启就蹲在屋角翻看留种的甘薯，一只、两只……像摆弄鸡蛋一样，把十几只甘薯从屋角的一个坑里轻轻地拿出来，"噢，太好了，一只都没有烂。"

　　刚好，徐骥走进屋来，看到父亲高兴的样子便说："阿爸，今年可不像去年那样的种法了。"

　　前年秋天，徐光启的一位朋友到福建去办事，回来的时候带了一些甘薯送给徐光启，这甘薯无论是生着切片吃，还是煮熟了吃，都很好吃，于是徐光启就留了几只甘薯做种，去年开春的时候种到了地里，不料，都烂在地里了。所以，徐骥提醒父亲要注意甘薯的种法。

　　"是啊。"徐光启说："这些甘薯是我好不容易托人从福建捎来的，不能再让它烂掉了。我已经打听到了它的种植方法。"

正说着，那位长工阿祥走了进来。他指着地上摆着的甘薯说："这东西在福建长得好，到上海可能不行，因为上海比福建冷。"

徐光启听了阿祥的话，有些不愉快："你没听说葡萄、苜蓿是西域所产吗？如今中国到处都种，长得也不错。棉花是南洋传过来的，现在松江、上海一带，不是枝繁叶茂了吗？有人说北方的芜菁种到南方要变菘，可是根据南方的气候、水土改变种法，它就不变菘了。这是我亲身经历过的，看来你说的话是没有道理的。"

阿祥笑着说："您说的对，可是，我们干吗非要种甘薯呢？"

徐光启回答说："甘薯不怕干旱，不怕台风，随处可种，产量比稻麦高几倍，像去年闹水灾，粮价猛涨，如果有了甘薯，就不会有许多人外出逃荒了。所以，我想在上海推广种植甘薯。"

阿祥笑着连连点头。

第二天，徐光启做了一块菜畦，将畦里的泥土搅匀，再和上草灰和猪粪，在畦上开出一行行的垄沟，把甘薯种一个一个地摆在沟里，盖上泥土，白天浇水，到了晚上就给菜畦铺上一层薄薄的稻草。

在徐光启的精心侍弄下，几天以后，种在菜畦里的甘薯就生出嫩苗。徐光启高兴地把徐骥、阿祥喊过来。

"你们快看，出苗了。"

徐骥也很高兴地说："阿爸，屋后的那块地都翻完了。"

徐光启说："好，这几天，你和阿祥抓紧时间，施一遍基肥，过些日子，好把薯藤栽倒那块地里。"

每天早上，徐光启都要来看甘薯苗的生长情况，很快地甘薯长成了长长的藤蔓。徐光启把藤蔓每隔四片剪成一段，种在茅屋后边那块地里。

这一天，徐光启、徐骥和阿祥正在忙着往地里栽薯藤，阿祥的儿子阿满来了，他是趁着忙完了家里的活，有两天空闲时间来看看父亲的。

徐光启对阿满热情地说："都长这么高了，你来得正好，带几根薯藤回家种吧。"

阿满笑着问道："我家离这里那么远，带薯藤回去能载活吗？"

徐光启回答说："能载活。我有个学生是福建人，听他说，有个福建人到海外去，看到甘薯想带回来，当地人不让，于是这个人偷偷地把一根薯藤搅在浸水的绳子里面，才得以带回，这根薯藤竟然栽活了，结出了甘薯。因为它来自海外，所以又叫番薯。你现在把薯藤栽在泥土里带回去，保证成活。"

阿满住了一宿，第二天带着薯藤高兴地回家了。

夏天，甘薯地里长满了薯藤，一片碧绿。徐光启浇水，施肥，清除杂草，盼望着有一个好收成。

秋天到了，这是一个收获的季节。徐光启领着徐骥、阿祥，从地里挖出的甘薯又大又多，最大的有碗口大。大约估计一下产量，要比同面积的稻谷产量高几倍。

"阿爸，这么多的甘薯，我们家怎么能够吃得完呢？"徐骥望着一大堆甘薯发愁地问道。

徐光启笑着回答说："你挑一些甘薯，给老宅的邻居们送去。再多留一些做种薯，来年春天，我们要多种一些。剩下的，我还要研究一下甘薯的各种吃法。"

甘薯的吃法很多：生吃，又甜又脆。蒸熟了吃，干甜干甜的。切片油炸，香甜可口。晒干，既容易存放，又可以在冬天里蒸熟了吃。还可以用火烤了吃，别有一番香味。

徐光启把用甘薯做成的食物分送给亲朋好友品尝，受到大家一致的赞美。

春天一到，来徐光启家剪藤的人络绎不绝，吃过徐光启种的甘薯的人今年都想种些甘薯。这些人向徐光启提出了很多问题，比如，甘薯的种植方法、种植甘薯有哪些好处等等。徐光启耐心地给他们做了回答。后来，徐光启就把甘薯的优点和种法写成文章，供人抄录传播。他把甘薯的优点陆续补充，共得十三条，称为"甘薯十三胜"。

自此以后，甘薯就在长江下游广泛种植了，遇到水、旱、台风成灾，稻麦欠收的时候，甘薯仍有一定量的收成，人们就依靠甘薯来度过荒年了。

# 津门垦荒

一天，徐光启从翰林院回到家里，闷闷不乐。他拉开抽屉，拿出纸张铺在桌上给上海的儿子写信，让徐骥设法在上海城外找一处有田有屋，有池塘的地方买下来，并告诉家人他要回上海了。

他把一个仆人喊了进来。现在这家里就剩下徐光启和一个仆人了。原来，徐思诚死后，徐光启守孝三年，家里人就都跟着回上海去了，以后再也没到北京来。徐光启的生活就由一个男仆来照顾了。

"老爷，有什么事要吩咐吗？"仆人问道。

"你把这封信发出去，回来后，抓紧时间把东西整理整理，我们要回上海去了。"

仆人感觉诧异，随口问道："老爷，为什么要回上海。"

"养病。"

仆人愈加糊涂了，徐光启的身体不是很好吗，没见他生病，为什么要回上海养病呢？看看徐光启满脸不高兴的样子，仆人没敢继续问。也许是心病呢？

他猜得不错，徐光启近来心情确实很糟。

事情是这样，明朝万历四十一年（1613）春天，他作为会试考官，与魏广微共同负责《春状》经的阅卷工作。看到应考举人吕维祺、张宗衡、鹿善继的卷时，魏广微认为都不可取，而徐光启持相反意见，结果这三人还都考中了。徐光启和魏广微因此不和，魏广微以同乡同姓的关系巴结皇帝最宠信的宦官魏忠贤，被提升为礼部尚书兼东阁大学士。他一有机会，就攻击徐光启，弄得徐光启心绪不佳，因而托辞身体不舒适，请了病假。

听说徐光启要启程回上海，他的一个朋友前来送行。

徐光启对他的朋友说："我回上海还缺少现成的居处，我准备搞农业试验，可城里的老屋旁边又盖起了房子，不适于种地，城外的坟地及小试验园又太小了，我要寻得一处有田、有屋、有池的地方居住才好。”

朋友说：“天津有几处荒田，面积都相当大，既有水源，地价又贱。你如果能在那里搞农业试验不是也很好吗？”

徐光启听后高兴地说：“太好了。”很长时间以来，徐光启都想在北方试种水稻和把南方的一些农作物在北方进行试种和推广。所以，听了朋友的话，当即决定不回上海了，到天津开垦荒地，搞农业试验。

徐光启带着仆人，由朋友陪着来到天津。

那时候，天津是北京的门户，是一个军事重地。荒地就位于天津的东南，海河的两岸。附近不远有一个小镇叫葛沽，荒地的面积真大呀！荒地里长满了芦苇和杂草，牛羊在杂草中成群地放牧。再往东，就是海边的沙地了。

徐光启仔细地察看了附近的田地和干涸的水沟，好像这里种过水稻。

一位老农民说：“有人在这里试着种过水稻，但由于海河不时地泛滥，水涨起来，一片汪洋，水退之后，一片盐碱，秋天连种子都没收回来，所以这田就荒芜了。”

徐光启带了测量用具，他们三个人就进行了简单的测量，估计这块荒地有53公顷。因为这一带荒地的价格是非常低的，于是，徐光启就把它全部买了下来。

徐光启对他的朋友说："这里临近海河，可以修一道大堤，防止河水的漫灌。如遇久旱不雨时，再准备些水车或用西洋水法制造汲水工具，抽取河水防旱。那边的田地离河较远，可以开渠引水，这块荒地完全可以种植水稻。"

朋友说："你说的对。但现在还不能种植水稻，如果没有收成，以后就难以维持了，所以先种上小麦吧。"

徐光启说："就按你的想法做吧，今年这几十公顷地全部种上小麦。"

徐光启从附近招募一些贫民来开垦荒地，并且盖了几间草屋，帮助招来的农民解决口粮、房屋、农具、种子等问题。到秋天收获的时候，农民把收成的十分之四作为地租交给徐光启。

按照徐光启的阶级地位，他是一个地主。但是他和一般地主不一样，一般地主是不管生产，只管收租的。徐光启的主要目的却不是收租，而是开垦荒地和进行农业试验，研究改进生产。

我国两千多年的封建社会，到17世纪已经进入资本主义萌芽的阶段。在手工业方面，出现了工场主雇佣较多工人的资本主义生产关系。徐光启这种由地主参加经营管理、研究改进生产技术的办法，也带有资本主义萌芽的色彩。

徐光启亲自参加生产劳动。在住宅附近开辟园地，种植一些农作物，有蔬菜、有瓜果。他还托人从上海带来鸡冠花、凤仙花、蜡梅花和多种中药的种子，栽在房前屋后。还按照西洋的方法种植了一些葡萄，并且得到了很好的收成。

徐光启研究的重点是水稻。水稻是高产作物，如果北方大量种稻，可以减少南粮北运。水稻适宜于高温多雨的环境，过去有人在北方试种过水稻，收成不多，都失败了。因而一般人都认为北方不能种稻。徐光启一贯反对"风土说"，他认为海河下游有水，又有高温期，完全具备种稻条件，所以积极试种水稻。

徐光启一方面雇工开渠引水，开辟水田，另一方面对天津的土壤、施肥和耕种方法详细加以调查研究和试验，大约做了两年多的准备工作之后，开始着手播种水稻。

由于北方人缺乏种稻经验，所以徐光启特意给家写信，邀请一位种稻能手叫陈大官的人来天津指导种稻。

第一年试种水稻，因为肥料用得太多，水稻长势很好，就是不结穗，几乎颗粒无收。徐光启总结了经验、教训，第二年仍然坚持种水稻，他采用早熟品种，改进施肥方法，虽然稻棵很小，但是却有了收获。现在看来是低产，可在当时已算不错了。它说明试种水稻取得了初步成功。

这时期，徐光启还进行了养蚕的试验。开始养蚕是在春天，由于春天气候比较干燥，所以绝收了。第二年养的蚕，由于吃了湿叶，蚕都死了。于是徐光启就总结了一套养蚕的经验：要养好蚕，主要在于桑叶要干而且勤添。北方没有梅雨，要得到干桑叶不难，所以说，北方适宜于养蚕。

徐光启还写信给儿子徐骥："养好桑葚，晒干寄来，最要紧。"在北方推广种桑养蚕业，把南方养蚕之利扩展到北方。

徐光启还试验种植甘薯。他早就预言北方能种甘薯，可是，在试验过程中也受到挫折。起初，他在冬天用稻草密盖薯种，结果把薯种冻坏了，使他愁闷多天。他在上海曾把薯种放在地窖里，因地窖潮湿，薯种很快腐烂，所以，在天津没有把薯种藏进地窖。后来他反复思考，北方地窖比南方干燥，又能避寒，何不把薯种藏进去试试？

一试果然行。藏种的问题解决了，他的甘薯就在天津推广起来，向他要求买种、剪藤的人很多。万历四十六年（1618）他为此把有关甘薯的文章修改整理，刻印成一本书，名叫《甘薯蔬》，赠送亲友，使种甘薯在北方渐渐推广开来。

徐光启在天津垦荒，进行农业试验有成功的经验，也有失败的教训。这些情况，徐光启作了不少的记录，并整理成《宜垦令》、《北耕录》、《粪壅规则》等书，这些都是重要的农业科学著作。他还计划编写一本《种艺书》，以促进我国农业的发展。

1617年，明朝政府派徐光启兼任左春坊左赞善。左春坊是詹事府（侍候皇太子的衙门）的一个部门，左赞善是官名，主要工作是侍候太子读书。徐光启刚一销假到职，明神宗又派他一个临时性的差使：代表皇室去册封一个皇族人物为庆王。他长途跋涉到了宁夏（现在宁夏回族自治区银川市），参加了册封典礼。在别人看来徐光启受到皇帝信任，可以指日高升了。可是徐光启对官府工作不感兴趣。从宁夏回来后不久，他又继续请病假，去天津搞他的农业试验。

徐光启在天津搞农业试验近六年，他依靠个人力量购置土地，进行一些力所能及的科学试验，虽然在当时的历史条件下，还无法实现他强国富民的理想，但他所取得的科学成就却是不容忽视的。

# 通州练兵

万历四十六年（1618）春天，北京城的百姓似乎没有感觉到明媚的阳光所带来的春的气息，没有什么要紧事都不愿出门。人们心头笼罩着一层阴云。

早上，徐光启照例到詹事府去上班。

刚走进大门，一个官员就偷偷地对他说："听说三路溃败，还有一路保全下来，也撤退了。"

徐光启低声说："唉，损失太惨重了。"

两人边说边往屋里走。陆陆续续走进屋的官员都面带忧郁之色，三三两两低声谈话。

人们谈论的是东北战事的消息，这本来是个私密消息，可是满城都传遍了。

东北黑龙江流域，是明朝的领土。那一带住着的女真族，也就是满族，是明朝国境内的少数民族。明朝初年在东北设置官府，女真各部酋长也都担任了明朝的官职。可是过了200多年，明朝的政治已很腐败，而女真族吸收了汉族的一些先进生产技术，逐渐强大。女真族统治者努尔哈赤统一了女真各部。于1616年建立了少数民族的政权，国号后金，就是后来的清朝。接着努尔哈赤筹办军器、马匹、粮草，整顿军队，进入辽河以东，准备进攻明朝。

明朝派杨镐为辽东经略，各省调集军队8万多人由他率领，到东北与金军作战。杨镐率兵分四路前进，准备围歼金军。金军集中兵力，将明朝三路军队先后击溃，只五天时间，斩杀明军45000多人，取得了决定性的胜利。

这些消息本来是偷偷传播的，似乎是谣言。可是，隔了几日，官府的公文证实了这些消息的真实性。

真是沉重的打击！问题不仅是死亡了45000多人，而且整个东北已经没有什么精兵，能够抵挡金军的进攻。整个北京城震动了！明朝政府震动了！怎样挽救这个危急的局面呢？

徐光启从詹事府回家，饭也不想吃，话也懒得讲。家里的仆人以为他生病了，再三问他，他说："没有病，在想事情！"

他一边呆呆地想着，一边展纸磨墨，写起文章来。

他想起了西汉军事家晁错的话，就引述到文章中，"器械不利，那就是把士兵送给敌人。士兵不会打仗，那就是把将领送给敌人。将领不懂军事那就是把君王送给敌人。君王不懂得选用将领，那就是把整个国家送给敌人。"

老仆人端了一杯茶走了进来说："老爷，天晚了，早点睡吧。"

徐光启说："你把灯添上些油，就先去睡吧。"

仆人说："你不睡，我也不睡，我在外屋等着，你有什么事就叫我。"

徐光启继续伏案疾书。他分析辽东战事的失败，将领杜松被箭射中头，潘宗颜被箭射穿背，可见连将领也没有好盔甲，何况士兵呢？双方兵力相差不大，而分为四路，金军却集中兵力，以四倍的军队攻我一路，我每一路都面对着四倍的金军，这是不懂得分兵、合兵的道理。出关20千米，遇水不能渡，遇险不能过，进入埋伏圈还不知道，这是不懂地理形势，不懂侦察敌情。这样的军队怎能打胜仗呢？

徐光启认为，从长远着想，必须赶快练出一支精兵，也就是器械锋利、武艺纯熟、将领善于指挥的军队。否则，即使调集百万军队，打起仗来，好比以卵击石，软碰硬，一碰就碎。这次辽东的失败，就是一个明显的例子。

所以，徐光启主张：精求天下"勇力捷技奇才异能之士，"薪饷要厚，装备要好，给养要足；精求良将统率他们，选用教师，集中在一起，日夜进行训练；博求巧工利器，制造车辆、盔甲、军火、器械等，供他们装备；练好武艺后，再教以号令节制、步伐整齐，分合进展的阵式；要有严明的赏罚，像手臂指挥手指一样，令出必行，赴汤蹈火，无不听命。

徐光启认为：像这样选练出来的军队，进可以战，退可以守，有三万兵，就能扫荡辽东，打败金兵。

直到鼓楼的鼓声报了三更，徐光启才把文章写完，他又反复地看了两遍，稍加修改，觉得还算满意。心情似乎也轻松些了。

仆人端着饭菜走进来说："老爷，都过三更了，吃点东西吧，到现在你还没吃晚饭呢。"

借着徐光启吃饭的机会，仆人和他聊了起来。

仆人问："你写什么文章，这么重要，不吃饭不睡觉的。"

"关系国家兴亡的大文章！"徐光启严肃地说，"天一亮，我就进宫去，把它上奏给皇上。"

"老爷不睡了吗？这里面讲的什么大事？"

"打仗的事。"

"啊哟！"阿招也早听说过东北战事不利的消息，害怕徐光启要上前线。就劝说道："您是读书人，从来不带兵，何必去管打仗的事？早点睡觉去吧。"

徐光启毫无睡意，慷慨激昂地说："你以为我是手无缚鸡之力的书生吗？我少年时候，曾常听祖母给我讲倭寇的故事，倭寇在上海烧杀抢劫四年之久，我家房屋财产全部毁掉，祖母和我母亲在外流浪几年，勉强保住性命。所以，我从小学习兵法，要抗倭报仇。后来倭寇受到我国的多次打击，不太来了，我也丢掉打仗的念头了。可是我一直认为，要国富必须发展农业，要国强必须整顿军队。二十年来，我逢人就讲，人家都当书生之谈，一笑置之。如果这些主张早日实现，岂有今天的惨败！唉，现在我老了，57岁了，没有力量了，可是我能袖手旁观，不顾国家的兴亡吗？"

仆人似懂非懂地听着，徐光启滔滔不绝地讲着。

"哎呀，"仆人突然打断徐光启的话，说道："只顾说话，你也没吃多少饭，都凉了，我拿出去热热。"

"不用了，我吃完了。"

忽然，鼓楼报五更了，仆人忙说："老爷，您累了，快睡吧。"

"不睡了。"徐光启说："备马吧，我要上朝了。"说着，把上朝的衣帽，端端正正地穿戴起来。

在朝廷，徐光启把自己的想法全盘托出，极力主张练一支精兵，并把自己写的文章作为奏本呈报皇帝。明神宗正感到情况危急无计可施，看了徐光启的文章，神宗认为徐光启对军机大事提出的种种建议是可行的。于是越级提升徐光启为詹事府少詹事，兼河南道监察循御史，并派他管理练兵事务。

徐光启领了圣旨，就来到离北京城不远的通州（现在北京市通县），准备在这里练兵。

练兵先要招兵，而徐光启的原则是不能滥招，必须精选。他本来雄心勃勃，要选练十万精兵。因为国家财政困难，减为二万，可是选了几个月，才只选到三四千人，不得不一面进行训练，一面继续选拔。

清晨，徐光启匆匆吃罢早饭，就来到了兵营。这里原来是座破庙，经过修理粉刷，成为兵营，庙后一块大空地，是练兵的操场。操场四周旌旗招展，还有几排帐篷，这是士兵们的临时宿舍。

徐光启转了一圈，看到招来的士兵都在操练，他们手持长矛大刀，喊杀的声音直冲云霄。他露出了满意的微笑。

徐光启走进庙前面的院子里，已有几位官员等在那里了。一位官员站起来说："徐大人，选拔新兵几时开始？"

"现在就开始。"徐光启边说边坐在一把太师椅上。

这位官员高声喊道："选拔开始。"

全场立即严肃起来。院子四周和门口的卫兵都肃然立正。一位军官引进一位农民，这人恭恭敬敬站在徐光启面前。

"你叫什么名字？"徐光启问道。

"李铁柱。"

徐光启核对了名册以后又问："多少岁？"

"二十二岁。"

徐光启点点头，又叫那人抬起头来，那时没有照片，徐光启仔细看这人的身材面貌，有什么特征，就记下来。

"你知道来这里是干什么的吗？"

"我原来是山西农民，这次听说皇上招兵守卫京城，县官派我们来的。"

徐光启对李铁柱说："这次选拔出来的人，必须能固守京城，又要能遵照命令到外地作战。你行吗？"

"行！"

徐光启满意地点点头，指着地上一把100千克重的石锁说："把这石锁举起来！"

李铁柱用两手把石锁轻轻一提，用力举过头顶，轻轻放下。接着，他又按徐光启的要求，跳上一个三尺高的土堆，跳过地上一条六尺阔的浅沟。

按照徐光启的录取标准，凡能举100千克，跳高三尺，跳远六尺，李铁柱全部合格了。徐光启又把合格的兵分为上、中、下三等。像李铁柱这样远远超过标准的，可以列为上等。

"你有什么特殊本领吗？"

李铁柱摇摇头，忽然又说："我会用鸟铳打鸟，算一项本领吗？"

"当然算！我们这里要学习火枪、火炮，你会打鸟铳，当然算一项本领。"徐光启提笔在名册上写了一些字，并对李铁柱说："好，你被录取了。"

李铁柱退下去后，又进来一位农民。一问年纪，是四十二岁。叫他举石锁，他两手抓锁，面孔涨得通红，还只提起石锁的一角。

"你知道来这里是干什么的吗？"徐光启问。

"给皇上守卫京城。"

"不对，我们要选练一支精兵，又能守京城，又能到处打仗。你的年纪太大，力气太小，不过你如果有什么特殊本领，还是可以选上的。有什么特殊本领吗？"

这位农民摇摇头。

"啊，像你这样的情况，本来是不该送到这里来的。现在，只好再送你回去。"他对一个官员说，"带他下去休息。"

紧张地选拔了一上午，先后考问了50个人，合格的只有15人，徐光启看着名册，摇头叹气说："为什么送这么多不合格的人来呢？白花了多少路费！还骗他们说只是保卫京城，将来怎能出关作战？"

下午，徐光启着重了解武器装备情况。负责制造武器的官员汇报说："工场虽然勉强有了，但人力远远不足。各地招聘能工巧匠，只到了七八个人。煤已经弄到一点，生铁却差得很多，而且领到的钱，只够目前少数人吃饭用，哪有钱买大批生铁？没有铁，是造不出武器来的。"

徐光启皱着眉头，把这些记录下来。

另一位官员汇报了现有武器的情况，说是从军库领来了大批武器，但是质量不太好。徐光启说："我们大家一起去查看一下吧。"

先看盔甲。一个军官把一顶头盔放在地上，取钢枪猛刺，一下就刺穿了。另一个军官也取了一顶头盔，拿小锤子用力一敲，顿时敲开一个大裂口。大家面面相觑，摇摇头。再取战甲来，里面塞上草，用刀猛砍，就出现一个大裂口。换一件，当胸一刺，立时洞穿，大家又都摇头。

徐光启对大家说："你们看，这种盔甲，如何打仗？听说金兵能炼钢铁，他们招了些上等工匠，大量制造武器。他们的刀枪都很锋利，还从我军手中夺去许多。我们如果穿戴这种盔甲去和他们打仗，岂不是送死？"停了一会，他又说："不过，战场上虽不能用，在操练时用还是可以的。"

他们逐一检查了矛和箭，大刀和长枪，有少数好的，多数不够好。

徐光启说："这些武器按好坏分别入库。好的准备出征时用，差的供操练用。"徐光启把官吏集中到一起强调说："我们的敌人用的都是好武器，我们如果用这样糟的武器去打仗，只有挨打的份儿。当然，有了好武器，还要有好战士，否则武器落到敌人手里，那就更危险了。所以，严格训练最重要。"

一个官员问道："请问大人，要不要看看佛郎机？"

"看"，徐光启说，"也试放几炮。"

"啊哟，试炮要到郊外去，今天恐怕来不及了。"

　　徐光启坚决要在当天试炮，于是趁天色尚早，用马车运了四门佛郎机到郊外去试放。

　　佛郎机是什么呢？它本是国名，也许就是法兰西，即法国。可是明朝人对高鼻子、蓝眼睛的白种人区分不清，把占据澳门的葡萄牙和占据菲律宾的西班牙都称作佛郎机。有一次，三条外国船侵入广东省新会县，明军保卫国土，经过激战，赶走一条船，俘虏两条船，船上有铜制小型火炮。明朝仿照制造，就把这种炮也称为佛郎机。

　　徐光启看到士兵给佛郎机点火，就屏住呼吸等待响声，等了一会没声音，正想查问，忽然"轰"的一声巨响，佛郎机烟火乱喷，爆裂开来。徐光启等人把火炮仔细察看了一会，他命令在剩下的三门佛郎机中仔细挑选一门，再试放一次。

　　"轰！"这回刚一点火，炮就炸裂了，把大家吓了一跳。那点火的人更是惊慌失措，摸摸脸上有些疼痛，原来皮肤烧焦了一块。炮里的碎铁、碎片四处横飞。

　　待到大家安静下来以后，徐光启说："不必再试了。火枪火炮本来是我们所发明，可是现在西洋火器比我们的好，我们学也学不像。这仿造的佛郎机，用来打敌人，先伤自己，真笑话！我有个朋友李大人，当年曾向利玛窦神父学过西洋火器。我已经写信托他设法购买西洋炮，以后还要请他指导仿造，一定要造出精良的大炮。"

徐光启试完炮就回到那座旧庙里，天已黑了，一个官员递给他一份公文，他在灯光下拆开一看，原来是兵部的紧急公文。

公文表扬了徐光启精通兵法，练兵有方。命令说，因为辽东危急，兵部计划在各省招募新兵六万人，分别驻在通州、昌平、天津三处，全部由徐光启负责训练。

徐光启看完命令，用力甩在桌子上，又握紧拳头，在那命令上狠狠地捶了一下，震得茶杯、砚台、笔筒、笔架都发出了响声。他沉重地坐在椅子上，皱眉沉思了许久，抬头一看，看见几个官员惶恐地站在他面前，他不禁感到自己的举动太过火了，连忙低头把兵部的命令折好，带在身边，然后微露笑容，对那几位官员说：

"今天没有什么事了，都回去吧。"

徐光启骑马回到家里，立即走进书房，准备再写一篇文章。

仆人跟着走进来招呼道："老爷，先到客厅吃饭吧。"

"不吃，我不想吃饭。"

"为什么？你又要写关系国家兴亡的文章吗？"

"唉，"徐光启长长地叹了一口气，"国家兴亡，我管不着了。"

"皇上不是重用老爷了吗，怎么又管不着了？"

"皇上给我越级提升，似乎很信任我，可是对我提出的主张，并不认真采纳，各级衙门，敷衍搪塞，叫我如何办事？"

几个月来，徐光启感到处处不顺手。他要精兵，而各地选派供他挑选的大半是衰老病弱的人，他计划选两万人，合格的只有几千。即使这几千人，至今也没有固定的营房。他要求给士兵较优厚的粮饷，户部却说无处筹划。

仆人劝说道："虽然有烦恼，但也得把饭吃了才好哇。不然的话，身体怎么能吃得消呢？"

徐光启看着仆人焦急的样子，只好对付着吃了几口饭。

这时，他手下的一个官员走了进来。这位官员看出徐光启有心事，特意来看望徐光启的。

"大人，您近来瘦了，白头发增多了，您要保重身体啊。"

"辛苦一点，瘦一点都不重要。事情办不好，责任重大呀。"

徐光启拿出兵部的命令给这位官员看。并且说道："练兵毫无头绪，你是知道的。可是兵部竟然嘉奖，真叫人哭笑不得。我们勉强练两万兵，困难已经这样多，兵部不解决困难，却叫我在三处地方练六万兵。这不是把练兵当做儿戏吗？"

"大人，既然兵部有命令，即使兵没练好，也不能全怪大人，兵部也有责任。"

"胡说！"徐光启很生气，把这位官员吓了一跳。"这练兵是关系国家兴亡的大事，怎能随便敷衍？我多次对你们说过，朝廷不是没有兵，而是兵很多。可是兵多有什么用呢，老弱病残，纪律松散，又不重视武艺的操练，一旦有紧急情况，把这样的士兵派往前线，他们有的半路溜走，有的临阵溃散。这样的士兵和强悍的后金军作战，就好比以卵击石。现在我要练兵，必须练精兵。如果练而不精，一战而溃，那和不练有什么两样？我戴了这四品官的官衔又有什么意思？"

这天晚上，徐光启又是彻夜不眠，再一次上书给神宗皇帝。他痛切地陈述了练兵的困难情形，请求皇帝下令户部、兵部和工部，研究能否不在三处练六万兵。如果决定要练，户部应预算需要多少饷粮，向何处筹措；工部应预算需要多少盔甲、武器、车辆、火药、材料，向何处支给；兵部应预算需要多少马匹、草料，向何处取用。还有六万人的营房、教官，都要及早准备。三处训练，他一个人实难兼顾，只能负责一处，另两处还得另外派人。

三更了，仆人送来一碗甜粥，他看见徐光启满面怒容，就劝道："老爷，您给皇上上书，火气不能太大呀！"

"你也看得出我有火气？"徐光启压住心头的怒火，含笑对仆人说，"今天不说老实话不行！"如果我不指出这样做法的危险，我就是欺骗皇上；把未经精练的兵赶到前线作战，必定全军覆灭！如果皇上不采纳我的主张，我只能请求皇上把我撤职！

······

这次练兵使徐光启更深刻地了解了明朝官场的腐败情

形。他的心里非常矛盾：为了国家兴亡，他很想发挥自己的作用；但是一遇困难，他又灰心丧气，感到没有希望。就在这时候，还有些无知短见的官员，对他进行讽刺打击，有的甚至上书皇帝，对他公开指责。神宗皇帝对徐光启终是"用其人而不用其言"，兵叫他练，却又听任各部对他阻挠。使他的练兵计划，有空名而无实效。选了几个月兵，只勉强选到七千多名，而且训练不久，兵部就把其中的一部分调往辽东防守。徐光启对于这一支不符合要求的军队，已经不抱多大希望了。他屡次上书，请求或者执行原来练兵计划，或者把他撤职，总之，不能再拖下去了。

万历四十八年（1620）七月，明神宗死了。他的大儿子朱常洛继位，只一个月，又死了。他就是明光宗。光宗的儿子朱由校还只有十五岁，就做了皇帝，他就是明熹宗。1621年3月，徐光启由熹宗批准休假养病。徐光启把军队和物资移交给兵部派来的人接管，自己回天津种田去了。

# 农政金书

　　明朝天启五年（1625），徐光启回到了上海老家，这时，他已经是64岁的老人了。看到儿子徐骥经营家业日渐兴旺，颇感欣慰。

　　原来的老屋已经被拆掉了，改建成拥有几间屋的楼房。房后有个院子，比以前的大多了，里面栽着几种花卉和草药，在城外原有一块耕地，它的面积也扩大了许多。

　　徐光启本来可以舒适地度过晚年，可是，他是一个闲不住的人，还要继续进行他的科学研究和试验，和以前不同的是由于年事已高，不能更多地干体力活了，经常是指导家人和雇工如何去安排生产、从事生产，渐渐地，他产生了一个想法，要把几十年进行农业生产的研究试验所积累的经验记录、整理下来，以指导后人。

一天，徐光启正在闭目构思，徐骥推门走了进来："阿爸，你近来是不是体不舒服啊，怎么老待在屋里呢？"

"阿骥呀，快坐下。我的身体很好，这几天我是在琢磨编写一本农书，把古今各种农书中有价值的材料汇集起来，再加上自己所见所闻和亲身种植的经验。"

"阿爸，你的想法是很好，可是，要写这么一本大书，身体能吃得消吗？这样吧，让尔斗、尔默、尔路帮忙吧。"

徐骥有五个儿子，尔斗是老三，尔默是老四，尔路是老五。

徐光启说："那太好了，你叫他们过来吧。"

尔斗和两个弟弟听说要帮祖父写书，高兴极了，他们是很尊崇祖父的。

兄弟三人走进徐光启的书房，毕恭毕敬地站成一排。

徐光启叫三个孙子自己搬椅子坐下，和蔼地对他们说："我多年不在家，很少教育你们，不知平常你们主要做些什么。"

尔斗说："主要是读书，读《四书》、《五经》，做八股文章。"

徐光启又问："你们看不看农书呢？地里的农活做不做？"

三人不太懂祖父问话的意思。

尔默说："我看过阿公写的《甘薯疏》。"

徐光启把目光转向尔斗、尔路，他俩连忙说没看过。

徐光启说："《四书》《五经》，八股文章，那是应付考试用的，实际上是最没用的东西。读些农书，学会种地，那才是一个人谋生的真本事。其中的道理我现在不打算多讲，今天，我叫你们来帮我做点事，待到你们把事做好了就懂得我这些话的意思了。"

三个孙子屏声静气地听着，等待祖父的吩咐。

"我以前写过几本农书，因为居官事忙，只得针对一事、一物编写成书。现在我在家里闲着无事，摆脱了外面的应酬往来，就想编写一部内容比较丰富，涉及问题比较广泛的农书。"

尔斗问道："就是你说过的《种艺书》吗？"

徐光启点点头说："就是我在天津着手写的《种艺书》。但是，我现在又有了新的想法，我要加进许多内容，杂采众家，兼出独见。"

尔路问："阿公的意思是说，要编一部最全、最好的农书，是吗？"

"不能这么说，各家农书有各自的特点，都称得上是好农书。我的想法是，我的农书不单单要讲种植，还要大讲国家的重农政策。诸如开垦荒地、兴修水利、灭除蝗虫、赈济灾荒……各类的农事，要朝廷来进行规划，同时还提请朝廷注意，农业是万民衣食的来源，是国家富强的根本，朝廷必须重农、助农，而不能害农、误农。"

尔斗问道："不还叫《种艺书》？"

"这比我原来设想的《种艺书》扩大了许多倍，书名当然要改。叫什么呢？目前还没想好，编成以后再确定吧，暂且叫做《农政全书》吧。"

尔默问道："我们能帮助阿公做些什么呢？"

徐光启说："先帮我抄书。这不是一天两天就能做完的事，有闲工夫就来抄，你们愿意做这件事情吗？"

三个孙子都站起来，尔斗说："孙儿愿意做这件事。"尔默、尔路也跟着说愿意做。

徐光启望着三个孙子，三个人都是衣着朴素，神态也显得老实而谨慎，他感到很满意。

"你们没有染上奢华的习气，这很好，可是，你们不肯干点农活，不愿意读农书，这就不像我的孙子了。我生平不论顺利和挫折，不论教书或做官，都没有忘记务农这个根本。你们帮我抄书就会读到一些农书，从而也就会知道农业的重要，稼穑的艰难了。"

"阿公，今天就开始吗？"尔斗问道。

徐光启说："明天开始。今天先做些准备工作，你们把这屋里的东西挪一下，腾地方，搬进三套桌椅来。你们就在我书房里抄，有什么问题可以及时问我。"

徐光启的书房简直就成了一个编辑室了。房间不算太大，祖孙四人待在里面显得有些拥挤，可这比起他们的忙碌来就算不得什么了。

三个孙子认真地抄写，不时地提出这样或那样的问题。

尔路拿着一本《齐民要术》问道："阿公，书里做了记号的段落都要抄下来吗？"

"对，你把每段抄好，我再分别把它们编进我书里的各个部分。"

尔斗写着写着问道："阿公，书里有一些纸条，有什么用处吗？"

"有用，纸条上写着一些评论和注释，你们抄的时候，把这些评注也抄进去。"

徐光启搜罗了百家立书，选择有关农事且价值较大的段落，有的还加上评注，让三个孙子帮忙抄写。他主要是写自己的文章，总结他多年来进行农业生产研究和科学实验的经验，也准备编到这本书里去。

他在天津进行了四五年的科学实验，对当时成功和失败的情况，作了不少的记录，后来又把这些记录整理出来，编成了一本《种艺书》。现在，他要在《种艺书》的基础上再增补一些内容。

他拿出一个纸袋，里面放着几本笔记本，他抽出其中的一本，翻开看看，是记录肃宁纺织情况的，就准备把它整理出来，写成文章。

他看着笔记，想起了往事……

有一次，徐光启和一位朋友外出办事，途经肃宁（今河北高阳），看到很多人家的房后都有一个二三尺高的房子，向南的一面，从地面到房檐都作成窗棂，两个人都感觉很奇怪，就决定上前看个究竟。

"光启兄，听说这里出布匹，价钱不算太贵，但就是有些粗，没有南方织的布细密。"

朋友的几句话，引起了徐光启的兴趣。

"这里出布匹？太好了。我在研究种棉花的时候，想过这样一个问题：就是南方不产棉而织布，布贱而棉花不够用。北方产棉而不织布，布贵而棉花又无法销售，这就在全国范围内造成了把棉花用船从北方运到南方去，再把布从南方用船运到北方往返重复运输的情况，浪费人力和财力。如果北方能织布，这个问题就可以解决了。"

两个人正谈着，迎面走过一位老人。

徐光启走上前去问道："这位老伯，您是本地人吗？"

"是啊，二位有什么事吗？"

徐光启的朋友说："我们想打听一下，这儿的各家院子里的小矮房子是干什么用的？"

"你是问那样的房子吗?"老人转过身指着一家院子问。然后笑着说:"那是织室,就是织布用的屋子。"

徐光启感到诧异:"为什么在那样矮的屋子里织布呢?"

老人说:"外面看着矮,可里面却不矮。人们在盖屋的时候,向地下挖一人多深。高出地面这部分是用来进漂白剂光和通风的。"

听了老人的话,徐光启和朋友很想到那屋子里看一看,他们向老人道别之后,就向刚才老人指的那家院子走去。

两个人站在院门口,徐光启朝着里面喊道:"家里有人吗?"

"你们找谁呀?"一个小姑娘从屋里跑出来,看上去有十来岁左右。

"我们找你家的大人。"

小姑娘边走边说:"你们等一会,我到西屋二叔家喊我爸去。"

不一会,一位中年男人走过来。待问明徐光启的来意后,热情地把二人引进屋里。

"大热的天，先喝点水解解渴，我再带你们到织室看一看。"

"你们为什么在那样的屋里织布呢？"

中年人答道："我们这里风大，空气干燥，纺出的棉纱很容易断。在地下织室里织布，可以借着地里潮湿的气息纺织，织出的布就密实。"

徐光启说："有道理，我们到织室去看看吧。"

在这家的织室里，徐光启看到了肃宁人织布的工作情况，屋里有些潮湿，和南方的气候湿度差不多，织出的布匹很结实，但有些粗，远不如南方织的布那样细密。

"我有一种'善巧之法'来提高这布匹的质量，你们想不想试一试呢？"徐光启总是随时随地运用他的科学知识，现在，他又对北方发展棉纺织业产生了浓厚的兴趣。

于是，徐光启就详细地讲述了浆纱和刷纱的织布方法，按照此法织出来的布匹，果然细密光亮，可以和南方织的布匹相媲美。

浆纱和刷纱的织布方法一传十，十传百，很快地传遍了肃宁一带。肃宁人采用了这些先进方法织出的布匹，质量好，但价格要比南方运来的布匹便宜，因为省去了运费、成本低。

几年以后，肃宁就成了北方棉纺织业的重地。

徐光启越想越觉得这是一件很有意义的事情，就把这件事写进了《农政全书》。

时光过得真快，转眼又过了一年，徐光启和他的三个孙子每天忙于《农政全书》的写作。

一天，尔斗刚走进书屋就对徐光启说："阿公，听苏北来的人说他们那里闹蝗灾了。"

"哎呀，"徐光启听到这个消息非常吃惊，他放下手中的笔，在房间里来回踱步。他感到自己研究农业，希望增加生产，可是，一遇蝗灾，增产就落空，于是他决定暂时停止写作，研究治理蝗灾的问题。

研究蝗灾和研究农业生产不一样，因为蝗虫漫天而飞，有时一飞几百里，所以他们没有来踪去迹，不易弄清，研究的难度颇大。

徐光启反复琢磨，终于想出了一个艰巨的但却是可靠的办法，那就是对历史上的蝗灾进行统计。

他尽力搜集历史资料，把自春秋时期到明朝所记载的蝗灾情况抄录下来，进行研究，从中得到启发。他发现史书记载蝗灾发生月份的，有111次，其中四月19次，五月20次，六月31次，七月20次，八月12次，其他月份共9次。由此可见蝗灾多发生于四月至八月，而六月为最盛，这正是夏秋作物成熟的时期。

他还发现：蝗灾发生的地方，多在"幽涿以南，长淮以北，青兖以西，梁宋以东诸郡之地"，相当于现在河北省南部，山东省西部，河南省东部，安徽、江苏两省北部。以元朝而论，百年之中，史书所载曾受蝗灾的地方约400处，95%都在上述范围内，只有22处在这一范围以外，约占5%。

那么，这一范围有什么特点呢？主要是湖沼较多。是不是有湖就有蝗呢？也不对。像洞庭湖、鄱阳湖、太湖地区自古以来没有发生过蝗灾。因为这些湖常年蓄水、湖边垦田广，居民多，蝗虫很难滋生。而上述地区内的湖沼，徐光启游历过几个，往往涨水以后又干涸，湖边无水而又潮湿，芦苇丛生，地荒无人，正是蝗虫滋生的好地方。

根据这种分析，徐光启提出了消灭蝗虫的办法。他主张在上述范围内的地方官，应于冬天湖沼水浅的时候，前往湖边巡视，集中人力，把湖边芦苇、杂草全部割去，晒干当柴烧，使蝗虫无从滋生。

徐光启亲自到苏北调查蝗灾的情况。当地的老农告诉他："蝗虫刚出生时只有米粒那样大，不大活动，过几天长大到三四分长，有翅芽而不能飞，只能成群跳跃前进，这叫做蝻。再过几天，翅膀硬了，长约二寸左右，样子像蚱蜢，成群高飞，遮天蔽日，这就是飞蝗了。"根据这种情况，徐光启提出，在易生蝗虫的地方，应教当地百姓经常注意，见到某处土地有小虫蠕动，立即聚众扑打，务求净尽。万一已成蝻子，扑打较难，可以平地开二尺深、二尺宽的长沟，然后聚集百姓，不论老幼，手持扫帚、铁锹之类，排列沟旁。于是在蝗蝻集中处，派人鸣锣驱蝻，蝻被锣声惊吓，向前跳跃，到达沟旁，锣声大振，蝻被迫跳入沟中，这时大家用力拍打，然后把沟填平，这样，就可以把它们全部消灭。

上述的办法如果能有效地采用，飞蝗就不能产生，但要注意，如果一处行之，收效有限，必须齐心协力，到处都这样做才行。

徐光启想起自己在天津的时候，曾亲眼看见老百姓把蝗虫煮熟了吃，有些人不但吃蝗，还把多余的送人或出卖，或晒干贮藏起来冬天吃，和吃虾一样。他认为提倡吃蝗虫，有利于动员群众灭蝗，如当地无吃蝗风俗，官府可以用粮食换蝗虫，鼓励群众捉蝗换粮。

蝗虫经过扑打或迁飞以后，是否除蝗工作结束了呢？徐光启认为，必须设法消灭蝗卵。据他调查，蝗虫往往在有黑土而又高亢的地方，用尾栽入土中下子，其深不到一寸，而且群蝗常在一地下子，不难寻觅。在冬天农闲时，可以动员群众搜寻，官府应用粮食去换蝗卵，不要吝惜，因为消灭了蝗卵，就等于收获了粮食。

徐光启把自己的研究成果，写成文章，向皇帝上书，请求全面灭蝗。当然他的请求并没有受到明王朝的重视，蝗虫继续为害。

后来，徐光启就把灭蝗的方法编进了《农政全书》，他提出割除涸泽杂草，以防蝗虫滋生；消灭不能高飞的幼虫，防止害虫发展；消除蝗卵，以防明年复发，这么全面的治蝗方法，在我国两千年治蝗史中，实属首例。

徐光启在《农政全书》中，不仅对纺织手工业和防治害虫方面作了科学论述，而且还提到了农田水利，农具的改良，各种谷物、蔬菜、果树、桑、棉、麻等作物的具体栽培方法，以及牧养牲畜、食品加工和荒年可供食用的野菜等。

　　《农政全书》既汇编了古代农业文献，又融进了徐光启一生进行科学研究所取得的成果，是一部农业巨著，它在我国科学史上占有重要地位。

# 修崇祯历

　　明朝崇祯二年（1629）五月初一，根据钦天监的预测，这一天上午将出现日偏食。清晨，钦天监的官员们就爬上了北京东城齐化门城头上的观象台，忙着做各种准备工作，他们有的用日晷来核对时间，有的看漏壶，也是为了定时间。还有的人搬出了几只盆子，里面盛着清水，这是供人们观察日食用的，因为长时间注视太阳，会损伤眼睛，所以观察日食，采用水中倒影的办法比较好。

　　根据预测，日食将于上午十点三刻得开始。可是，时间到了，太阳仍射着光芒，没有一点日食的迹象，官员们立刻紧张起来，有的人额头上沁出汗珠。因为在封建社会，日食预示着国家的兴衰治乱，所以一直是受到严肃对待的，如果预测出了差错，很可能丢官，甚至丢掉性命。

官员们谁也没敢走开，都站在观象台上等着。直到午初一刻（就是上午11时1刻），一个黑影开始出现在太阳的西南边缘，日食开始了。

这次日偏食，从开始到结束，共经两小时。比预测迟半小时开始，也比预测迟半小时结束。

钦天监在日食前早把预测情况报告了崇祯帝。日食以后，他们又把实际经过情况向崇祯帝作了报告。过了几天，礼部转来了崇祯帝的一项批示：

"钦天监推算日食，前后刻数皆有差谬。天文历法，事关国运兴衰，民生大计，岂可掉以轻心！应研究对策，防止错讹。对敷衍塞责、尸位素餐者，严惩不贷。"

负责推算日食的官员戈丰年看了这项批示，大吃一惊，面如土色。他立即带着这张批示，到礼部找徐光启。徐光启这时在礼部任左侍郎，相当于现在的副部长，钦天监正是他的属下。

戈丰年见到徐光启，也没顾上施礼就说："徐大人，您看到了皇上给我们的批示了吗？”

“看到了，我也着急哪。”

“是呀，徐大人，您是知道的。”戈丰年说，“我们钦天监推算日食，都是按照元朝郭守敬《授时历》的推算方法，结果刻数不对，我们也没有办法。如果要预测的准确，必须把郭守敬的推算方法大加修改，但要修改，谈何容易，我们哪有这么大的才能？我们只好等待下次推算错误，让皇上严惩不贷了。”

徐光启笑了笑，安慰戈丰年说：“不要着急，我会替你们奏明的。郭守敬虽是有名的天文学家，但他的推算方法也不能说完全精确。我记得史书记载，他在世的时候，预报日月食出现过差错。现在时隔300多年，他所实测的许多数据，误差逐渐加大，使钦天监的预测，提前几刻或推迟几刻，是常有的事，怎能保证无错？如要完全不错，必须重新实测天文方面的许多数据，把郭守敬的历法大加修改才行。我把这意见奏明皇上，看皇上如何指示。你看如何？”

“大人这样说，真是救了我的命了！”戈丰年说。

提起历法，徐光启是很感兴趣的。20多年前，徐光启曾向利玛窦学过西洋历法，也同庞迪我、熊三拔（传教士）等人讨论过历法。传教士传来的西洋历法，虽然不拒绝采用哥白尼"地绕日转"的先进理论，但是他们把地球看成一个球，地有经度、纬度，因而推算日食、月食，比中国旧法更准确。徐光启曾在1610年用西法推算预测过一次日食，和实际出现的日食符合；所以1612年钦天监预测日食误差四刻以后，就有人建议由徐光启，李之藻等人和西洋教士共同修订历法，但当时明神宗没有批准，也就作罢了。现在徐光启任礼部左侍郎，钦天监工作在他职权范围之内，所以，他很想把旧历法进行彻底的修改，以西洋历法为主，力求贯通中西，制订出更精确的新历法。

他的打算得到了崇祯帝的批准。崇祯帝决定成立一个历局，和钦天监配合，专管修订历法工作。历局由徐光启负责，从南京调李之藻来协助，并把西洋传教士龙华民（意大利人）、邓玉函（瑞士人）请来，翻译西洋天文学理论和测算方法。

徐光启到观象台上检查一遍，感到仪器太陈旧。天文数据出自仪器的观测，仪器陈旧，观测数据岂能精确？数据不精确，推算日月交食怎能准确呢？他决定改进和制造新的天文仪器，学习西洋的长处。例如，"万国经纬地球仪"、"列宿经纬天球仪"，虽然中国早就有过类似的仪器，但这次充分吸收了西方天文仪器的先进技术。至于制造三架天文望远镜来观测天体，更是中国从古所无，是中国天文观测的一大进步。

为了修订历法，徐光启主张广招人才。对那些世行天文理论，精于观测计算或精于制造天文仪器的人，不问原来有无官职，都量才选用。并且他还挑选能写会算的青年，作为学生，一面参加修历工作，一面学习天文知识。

经过三个月的筹划和奔走，历局的工作稍有头绪了。可是就在这时候，金军逼近北京，徐光启又接受了守卫京城制造兵器的任务，他不得不暂时放下历局的领导工作，以主要精力从事制造兵器和保卫京城。

在这次战争中，金军攻州打县，骚扰乡村，抢劫粮食，掳掠人口，明朝人民受到极大的损失。勉强可以自慰的，就是保住了北京城。按徐光启的看法，金军不敢再攻北京，也不敢再攻涿州，都是害怕西洋大炮。

涿州的西洋大炮哪里来的呢？是澳门商人送的。葡萄牙人以澳门为据点，垄断了欧洲和东方的贸易，每年获得很高的利润。这些商人为了讨好明朝，在1629年献给明朝四门大炮，由神父陆若汉率领军官、士兵和翻译等共24人，把大炮护送到北京。他们到涿州后，刚巧遇到金军南下，就担负了守卫涿州城的任务。直到金军撤离，他们才把大炮运进北京。

通过这次实战的检验，徐光启进一步认识了火器的威力。他认为中国必须仿造西洋火器才能克敌制胜。因为西洋火器"物料真，制作巧，药性猛，法度精"，打起仗来，发射快，射程远；有瞄准器，能精确命中；破坏力、杀伤力又强，小的能穿透几层铁军，大的一炮敌几百人。西洋大炮还装有车轮，便于进退行动。

徐光启主张趁金军撤走的时机，赶快整顿军备。他全力担负起铸炮、制火药、制炮弹以及教练使用火器的工作。澳门来的陆若汉等人，也被他挽留下来，协助工作。他还把西洋传教士罗雅各（意大利人）、汤若望（德国人）从河南、陕西请到北京来帮助制造火器。他请汤若望讲解西洋火器的制造和使用，记录整理出来，就编成了一部《火攻挈要》，作为中国人制造、使用火器的指南。徐光启是学习西方科学技术的伟大先驱者之一。

北京保卫战之后，徐光启又回到礼部任原职。他的精力又集中到天文历法方面来了。

徐光启亲自动笔起草了崇祯历书的第一本——《历书总目》。在《总目》中，他把历书的内容规定为五个方面：

（一）法原：就是天文学基础知识，包括太阳、月亮、五大行星（金星、木星、水星、火星、土星）、恒星在天空运行的规律，以及球面天文学原理等；

（二）法数：是观测计算得来的天文表，日、月、五星的运行情况都编成表格，便于查考；

（三）法算：是天文计算中用到的数字知识，主要是从西洋传来的三角学和几何学；

（四）法器：各种天文仪器的制造和使用说明；

（五）会通：是旧法和西法的度量单位换算表。

中国古代把天球定为365 1/4度，太阳每天移动一度，计算很不方便。新历书照西法把天球定为360度，每度60分，每分60秒，计算起来方便多了。

《历书总目》是历书的总目录，它总汇了这部历书的几十种专题著作共130卷的内容。

　　历书的每一卷都由徐光启亲自审阅，修改定稿，然后再由历局里学习历法的学生抄录而成。徐光启对抄写工作要求很严，他吩咐要把历书抄出八套分别放到八个部门去保存，进呈给皇帝的历书要抄写得最工整。

　　徐光启问历局的官员道：

　　"抄录完成的那些书都校对过了吗？"

　　"每卷都校对了三遍。"

　　徐光启点了点头，顺手从桌上的一堆书中抽出几本书翻了翻，其中有一本抄写的非常好，便问："这是谁抄写的？"

　　"是朱光灿抄写的，他是个很用功的学生。"

　　徐光启叫人把朱光灿找来，夸奖他说："你抄写历书，工整秀丽，很好。"

　　朱光灿有些紧张地说道："谢大人夸奖。"

　　徐光启看着这个青年人，心里很满意。问道："你抄写的书，都读过吗？懂吗？"

　　"读过，都懂。"

　　"我们历局以研究西洋历法为主。可是对于中国原有的历法也要研究，采长补短。青年人一定要博古通今，学贯中西，才能真正通晓天文学。"

"大人的教诲，学生将铭刻于心。学生学过郭守敬的历法和回回历（阿拉伯历法），我们的历法比西洋历法难学。西洋历法先讲道理，再讲计算，就使人知道为什么要这样计算。我们的历法常常只教人怎么推算，却不讲为什么，知其然而不知所以然。遇到计算结果和天象不一致，也说不出什么道理，不知道怎样改正。"

朱光灿把西洋历法的这个特点说得很明白，使徐光启感到由衷的高兴。他连声说："对！对！"然后突然说："我想考考你。"

朱光灿恭恭敬敬地说："请大人命题。"

徐光启打开抽屉，拿出一封公文，是四川监察御史马如蛟发来的，介绍秀才冷守中的历法研究的，并附有冷守中的著作。冷守中以旧历法为根据，提出自己的一套历法理论，向新历法挑战，而马如蛟支持他。

徐光启对朱光灿说，"你把这份材料看一看，对冷守中的历法著作给以评价，明天上午你回答冷守中算法的优劣。"

第二天，朱光灿高高兴兴地找到徐光启说："大人，早几天我们不是对太阳实测过今年冬至的时刻吗？是十一月十九日丑初一刻又五分四十一秒。钦天监用郭守敬法，定为十八日亥正一刻，误差十二刻还多；而冷守中却推算为十八日酉正一刻，误差竟达二十八刻（合七个小时）之多。这个人算法并不高明。"

"你说得对。"徐光启称赞说，"不过，这样答复他，他未必心服。因为我们实测冬至，他没有看见，可以不相信。他还可以说，我们测量的漏壶不准确，时间算错了。"

"那么，还有明年4月15日的月食。我们已经推算好了，那次月食，北京在卯初初刻复圆，四川成都在寅正初刻复圆，可是冷守中却推算说，这次月食要白天才结束，显然更是错误的。"

徐光启笑着赞扬朱光灿说："你这一下可打中了他的要害了。唉，茫茫太空的事，我们至今不能完全了解，你说西洋历法好，他偏不信，你也说不服他。独有日食、月食，各家历法都可以事先推算，到时候大家一起看，谁推算正确，谁推算错误，谁的误差大，谁的误差小，有目共睹，是非分明。所以，验证历法的优劣，通过日月食最有说服力。为什么每逢日月食，我总叫你们一起上观象台去看？就是让你们凭亲眼所见，比较多种历法的优劣。为什么明年4月15日的月食，我们今年就要预报出去？而且我们不但预报北京见食时间，还要预报各省省会见食时间？这就是要使全国的人到时候都来验证，相信我们新历法的正确。万一新历法误差较大，我们也可以追查原因，进行一些修改。所以，你拿这次月食的时刻来指出他的错误，正合我意。我打算写信给冷守中，叫他到时候对天验证。"

朱光灿受到徐光启的夸奖，很兴奋地说："如果那天月食确实到白昼才结束……"

"那我们甘拜下风。"徐光启说："我们把冷守中请到北京来，给我们上课。"

"假如那天月食却像我们预测的，寅正初刻就复圆了，那就要叫冷守中……"

"叫他虚心就是了。我再考你一个问题。"

朱光灿很喜欢接受考试："请大人出题目吧。"

"为什么北京复圆在卯初，成都复圆在寅正？"

朱光灿流利地回答说："月食复圆，天下共见，不过因为地球是圆的，北京和成都经度不同，时间就不一样。"

"答得对。这个现象，中国古代的历法都没提到，回回历也不提，只有西洋历法讲得清楚。可是，北京和成都经度相差多少，我们没经过实地测量，只是约略估计，认为两地经度差十四度左右，时间相差将近四刻，很不精确。所以，即使北京见食时间我们预报完全正确，成都见食时间也还有差。要等月食出现时，两地实测见食时间，我们再凭见食时间的差数来算出经度的差数，那个经度差数就比较正确了。"

朱光灿起身说道："大人说得对。学生记住了。"

徐光启满意地说："回去不要骄傲，要继续虚心学习。"忽然他想起一件事，叫住朱光灿。他拿出一张图递给朱光灿说："明年4月15日的月食，我画了一张月食过程的草图，太潦草了，请你改画成一幅清楚正确的月食图，这也是我们预报的内容，我准备刻印发到全国去。"

徐光启这时候已经是年近70岁的老人了。然而在修历的工作中，他仍然和壮年时代从事农业科学试验一样，非常注重实践，经常亲自登上观象台进行观察测验，对照比较历书推算结果。

崇祯四年（1631）10月1日出现日食，徐光启率领历局全体人员和钦天监的官员一同观测日食。日食的全过程所用的时间比预报的时间短，徐光启就和大家一起分析差错的原因，根据测得的结果，对历书中的有关计算方法作了一些改进。

徐光启深感自己年事已高，就想在有生之年为修历工作多做一些事情，所以常常是挑灯夜战，审阅修订历法文摘。

有一次，徐尔爵（徐光启的孙子）领朋友张溥拜访徐光启，已是掌灯时分，徐光启还在伏案阅读。桌上摆着一大堆文稿。

张溥见徐光启霜鬓雪发，精神矍铄地审阅文稿，不禁肃然直敬，十分关心地说：

"老大人年过古稀，依然废寝忘食地工作，真让晚辈敬重与担心啊！"

徐光启听到张溥善意的忠告，高兴地说：

"老朽虽已日薄西山，但深得圣上信任，荣膺改历大任，岂敢怠慢！可惜'夕阳无限好，只是近黄昏'了。我深恐没有完成新的历书，就辞世而去啊！"

张溥也是个爱好文学的人，他听徐光启引用了古人的诗，立即回答说：

"老大人真正是'老骥伏枥，志在千里。烈士暮年，壮心不已。'唐代诗人刘禹锡说得好：'莫道桑榆晚，为霞尚满天！'老大人的才智将与您的历书一起，化做满天霞光，照亮子孙万代！"

徐光启胡子颤抖地说："过奖了，过奖了！不敢当，不敢当！"

这次相见使张溥终生难忘，多年之后，他又再次撰写文章称赞徐光启致力科学孜孜不倦、老而弥坚的精神。

# 官居宰相

　　徐光启在崇祯三年（1630）任礼部尚书，1632年任东辽大学士，入内阁主持政务。东阁是皇宫内的一座殿阁，加上其他的殿阁，如武英殿、文渊阁等，总称内阁。内阁大学士是一品官，掌管国家大事，地位相当于宰相。

　　在封建社会，一个人做到了宰相，可算人臣的权力达到了极点。徐光启受命入阁，立即贺客盈门，几乎把那间小房子挤破。而他本人却冷淡得很。一连几天，他从内阁出来，就到观象台上观星，以躲避贺客。他两次上书，辞谢入阁的任命，但崇祯帝坚持命他就任。

　　过了几天，贺客渐渐稀少了。他白天处理好行政事务，晚上一回到家，就继续审阅历书，他想尽快地把历书完成。他一天到晚孜孜不倦，废寝忘食，夜以继夜地工作着。

三十多年来，徐光启是一个有理想、有抱负的人物。他主张发展农业、整顿军事，希望通过这两方面，使国家臻于富强，并为此做了许多实际工作，可是，大部分失败了。

现在，自己当上宰相了，掌握大权了，正是大有作为，建功立业的好机会。可是，他看看周围的环境，感到仍难以施展抱负。

崇祯帝对徐光启确实很信任。这位青年皇帝的某些做法，也使徐光启心悦诚服。例如，他改变了他的祖父和哥哥深居宫中不见大臣的作风，也不像明朝很多皇帝那样喜欢铺张浪费，他决心重整朝纲，励精图治，使明帝国在他的手里，大兴中兴，民富国强。可是，他有些方面却使徐光启感到失望。他自恃聪明，急躁多疑，事无巨细，统归一人独断，又不愿听逆耳的话。有些狡猾的人看穿了他这些弱点，迎合他的意旨，甜言蜜语，极力奉承，骗取他的欢心。例如周延儒和温体仁，就是靠这种手段，做了内阁大学士。他们各自勾结一伙人，结党营私，装做忠顺能干，蒙骗崇祯帝。他们打击忠臣良将，阻挠一切改革，而崇祯帝却很信任他们。这样，徐光启这位宰相就非常难当了。上有刚愎自用的多疑之主，下有阿谀顺旨的狡猾同僚，他是无法力挽狂澜，扶大厦于将倾的。

明王朝这座历时270多年的大厦，早已千疮百孔，风雨飘摇了。政治腐败，贪贿公行；经济贫弱，军费难支；军事混乱，难敌外侮。东北女真族的金军，兵强将勇，虎视眈眈，他们正在秣马厉兵，随时准备入主中原。而陕西、河南一带的农民，在天灾人祸的逼迫下，正在纷纷揭竿而起，杀官夺粮。在这样的局面下，徐光启也感到回天乏力，一筹莫展。

平生抱负，都已落空，身居宰相的高位，而无所作为。算算年纪，已经过了70岁，发白齿落，满脸皱纹，这就使徐光启的心情很沉闷。他每天入阁，忙忙碌碌，办的只是些琐碎的行政事务，并没有拿出什么治国大计。

这位郁郁寡欢的宰相，唯一的精神寄托就是天文历法方面的工作。当一卷历书顺利编成，历局的预测分毫不差的时候，他会感到由衷的欣慰。他在历局办事，崇祯帝是信任、支持的；周延儒、温体仁两位宰相也从不插手。所以，他每天晚上都全力投入历书的审阅之中，这是他宰相生涯无所作为之中，有所作为的大事。满天星斗，一盏孤灯。观天测星，其乐无穷。

历局每编成一批历书，就由徐光启进呈崇祯帝。1631年1月，进呈了24卷。同年8月，又进呈20卷，另附星图。1632年4月，又进呈30卷，前后共进呈74卷。他当上宰相以后，事情忙了，只能晚上审阅书稿，进度变慢，到1633年，他又审定30卷，交人抄写。剩下30卷，正在审阅中，忽然，他病了。

1633年8月，他脾脏患病，请假几天。在病床上，他还支撑着身体，审阅历书。但是，病越来越重了。

历书怎么办呢？他想，历局的事不能拖延下去，必须要有个内行人来负责。于是，他在病床上再一次上书，请求调山东参政李天经，领导历局工作。不久，李天经来京就职了。

这年10月6日，徐光启感到病势加重。他微微张天眼睛，看着守候在病床边的两个青年：一个是他的孙子徐尔爵，还有一个是徐尔爵的同学。他们是到北京来参加顺天府乡试的。

尔爵站起来问："阿公，要什么？"

"水！"他轻轻地说了一个字。

两个青年连忙站起来，一个扶着他，一个拿来壶给他喝水。

他喝了水，精神好些了。对两个青年说："你们两个来考八股文，可是八股文是最无用的文章啊！"

他想起第一次见到崇祯帝的时候，就说八股文无用的话，但崇祯帝不同意。他对孙子们也说过多次，但是改变不了这陋习，他们各个还是做八股文。

尔爵和他的同学，听了徐光启的话，只是笑着答应："您老放心，我们记住了。"

"尔爵，"徐光启叫着，"我有一件要紧的事，你记住它，我们历局的历书，快要编完了，这是大家共同努力的结果。历局的官员们都很勤奋，我很感谢他们。现在，我已病入膏肓，不久人世了。我想上书皇帝，对一些功绩卓著的人员，请求皇上嘉奖，以资鼓励。现在，我口述，你记下……"

这份口述的奏疏，时断时续，徐光启连连咳嗽。他对尔爵说："再抄写一遍，字写端正些，抄好后我再看一遍，就送进宫去吧。"

他迷迷糊糊睡了一会，醒来时，尔爵已经抄写好。他看了一遍，满意地说："立即封好，派人送给皇上。"又问："派人回上海去了吗？"

"派去了，今天一早动身的。"

"唉，恐怕你阿爸赶来时，已经见不到我了。我今天感到胸口很痛，恐怕活不了几天了。俗话说：'人生七十古来稀'，我已经71岁了。"

他闭上眼睛，过一会又睁开来，清瘦的脸上勉强露出一丝笑容，轻轻地说：

"这些年在朝廷做官，忙忙碌碌，身不由己。我很想回上海，看看我们的祖坟、老屋和田地，看看乡亲们种的甘薯、芜菁和水稻……"

第二天，他的病更重了，只能断断续续地吐出几个字。"你们……快把……《农书》，或叫……《农政全书》……抄写完成……进呈皇上。"

他的呼吸越来越急促了，没有多久，就离开了人世。

徐光启死后，他的遗体运回上海，葬在上海县城西门外7、8千米路的地方。后来这地方被称为"徐家汇"。他的墓位于现在上海市徐汇区的南丹公园内。墓前的石人、石马、石碑都已不存，只留下一个很大的土堆。

徐光启生前主编的历书由李天经继续主编完成，称为《崇祯历书》。崇祯帝还没来得及颁行新历法，就成了亡国之君。清朝皇帝认识到新历法的优点，实施新历法，改称为"时宪历"。

徐光启虽然官至宰相，但政治上并无大的作为。然而，他一生致力科学，勤于实践的精神，确实是难能可贵的。他主持编撰的《农政全书》和《崇祯历书》，在农学与天文历法方面给我们留下一笔宝贵的遗产。他与利玛窦合译的《几何原本》，在介绍西方数学中，是一部创榛辟莽的著作，有万古不朽的草创之功。所以，徐光启的英名将与他的科学著作一起，永垂史册。